Chevalier B.

Du même auteur

Aux éditions Gallimard (Folio junior)
La fête des fous, 2001

Aux éditions Nathan jeunesse
Bagdad 2004, 2005
Le fils du Loup bleu, 2006
Fugue majeure, 2006

Aux éditions Magnard - Tipik
Aldébaran 33°N 77°E, 2005

Aux éditions Les 400 coups
Les Ostrogoths, 2007

ISBN : 978-2-84865-165-1

www.exprim-forum.com

MARTINE POUCHAIN

Chevalier B.

ÉDITIONS
SARBACANE

35, rue d'Hauteville, PARIS X[e]
2007

Bande-son

- Sergueï Rachmaninov, *Concerto pour piano n° 3*
- Jacques Brel, *La quête* (issu du spectacle « L'homme de la Mancha »)
- Bob Dylan, *Blowin' In The Wind*
- Bob Dylan, *I Want You*
- Lou Reed, *I Love You Suzanne*
- Simon & Garfunkel, *Bridge Over Troubled Water*
- Crosby, Stills & Nash, *Suite Judy Blue Eyes*
- Giuseppe Verdi, *Libiamo ne'lieti calici* (issu de l'opéra « La Traviata »)

http://martine.pouchain.free.fr

Aimer jusqu'à la déchirure
Aimer, même trop, même mal,
Tenter, sans force et sans armure,
D'atteindre l'inaccessible étoile

JACQUES BREL (*La quête*)

CHAPITRE I

Splash !

Barnabé s'emmêle les pinceaux en descendant du tracteur antédiluvien des Bouton et s'écrase dans une flaque de bouse fraîche.

L'éclat de deux rires salue sa prestation. Pas de doute, pour une mauvaise journée, c'est une mauvaise journée !

Il se relève en frottant ses genoux égratignés qui saignent un peu, mais ça lui fait moins de mal que leurs rires. Surtout celui de Rosa.

Rosa, son soleil. Rousse et laiteuse comme les pis de la grosse Pâquerette, ronde et mince à la fois, plus croustillante et embaumée qu'un croissant au beurre. Barnabé sent des petits frissons pétiller le long de sa moelle épinière quand il la regarde. Rosa, c'est un morceau de bonheur déguisé en fille.

L'autre grand escogriffe qui se bidonne à côté d'elle, c'est

Joël, le fils du garagiste qui la tient par la taille avec la même arrogance de propriétaire que s'il tenait le guidon de sa mobylette. Insupportable.

Heureusement, ça ne sent pas trop mauvais, la bouse de vache. Ça sent l'herbe digérée, voilà tout. Mais ça n'a pas bel aspect et puis c'est humide. C'est même la seule chose qui soit encore humide par ces temps de canicule.

Rosa se tortille de rire. Elle est si belle quand elle rit que Barnabé en oublie presque que c'est à ses dépens. C'est de sa faute aussi. S'il n'avait pas voulu faire son malin en sautant du siège comme s'il n'était pas gros. Parce qu'il est grassouillet Barnabé, enfin, enveloppé. Il est grand aussi, large d'épaules, bien bâti, comme disent les gens d'ici. Bon, d'accord, pas très beau, maladroit en plus, mais ça, c'est parce qu'il n'a pas confiance en lui.

Rien à faire pour la bouse, à part attendre que ça sèche.

Barnabé hausse les épaules et entre dans le bar-tabac. Il fait comme s'il ne voyait pas les grimaces et les visages hilares qui se tournent vers lui et pose une pièce sur le comptoir. Sans un mot, parce que le buraliste sait ce qu'il veut et lui rend la monnaie, sans un mot non plus. Barnabé met le paquet de tabac à rouler du père dans sa poche de pantalon et il remonte sur le tracteur après un dernier regard à Rosa, qui traîne encore un peu de rire derrière elle comme un grelot.

« Rosa, ma clarté, mon horizon. »

Mais quand le grand Joël la tient par la taille ou quand elle se moque de lui, Rosa, c'est aussi sa nuit, son gouffre.

Parce qu'il a beau faire une chaleur à crever et un soleil de tous les diables, si Rosa est contre Barnabé, le monde aussitôt s'obscurcit.

« Mais non voyons, réfléchis, elle ne peut pas être contre toi, Rosa. Elle a seulement ri parce qu'un qui tombe ça fait toujours rire, toi ou n'importe qui, surtout dans la bouse. Imagine comme tu aurais ri si c'était arrivé au grand Joël. »

Il ne se le répète pas deux fois. Il imagine le grand Joël étalé de tout son long, le nez dans la bouse et il est pris d'un vrai bonheur qui lui secoue le ventre à l'intérieur, quelle rigolade !

Le voilà de nouveau content sur le chemin du retour. Surtout qu'au bout du chemin, il y a la soupe au lard qui va finir de le réconcilier avec la vie, parce qu'il a faim, malgré tout. Il a déjà bien essayé de sauter un repas, de se convaincre qu'il n'en avait pas besoin, de cette soupe au lard que la mémé prépare tous les soirs rituellement, hiver comme été, pour nourrir les trois générations de Bouton qui vivent sous son toit. Rien à faire. Ça sent si bon, la soupe au lard. Barnabé ne peut pas plus lui résister qu'il ne peut résister au regard de Rosa.

Il va ranger le tracteur sous la grange et se dirige vers la maison avec déjà comme un avant-goût de soupe au lard le long des gencives qui le fait saliver.

C'est là qu'il vit avec le père, la mère et aussi le grand-père et la grand-mère, dans une grande maison un peu déglinguée où il n'y a ni eau chaude ni chauffage parce que personne n'en a jamais vu l'utilité. Les Bouton sont dehors la plupart du temps, sauf le soir, où tout le monde se retrouve dans la grande pièce du bas qui est comme une étuve l'hiver avec la cuisinière à bois. Dans les chambres, aux premiers frimas, on réchauffe le lit avec une brique qui a cuit dans le four de la cuisinière et qu'on emmaillote avec des chiffons. C'est comme ça qu'ils vivent là-dedans tous les cinq, exactement comme on vivait il y a cinquante ans et même il y a cent ans. Sauf qu'en plus, il y a un congélateur et la télévision.

Barnabé s'essuie machinalement les pieds sur le paillasson de fer en haut des marches du perron.

– Faut rentrer les poules ! crie la mère qu'on ne voit pas parce qu'elle est aux chèvres.

Il fait demi-tour. Va chercher le grain et éructe des petits cris aigus et ridicules qui font rappliquer les gallinacés illico. Il fait son petit Poucet. Sème ses graines jusqu'à la buanderie qui sert de poulailler depuis que le salon est devenu une buanderie, et quand les bestioles sont toutes à l'intérieur, il balance le reste du grain et ferme la porte derrière lui.

Tous les soirs il le fait. Tous les soirs au moment précis où il pose le pied sur le paillasson de fer, la mère lui crie qu'il faut rentrer les poules et tous les soirs il fait demi-tour et va chercher le grain. Il pourrait y aller tout de suite, aux poules, pour gagner du temps, mais non. Il espère toujours que quelque chose va se passer. Il ne sait pas quoi. Quelque chose de surprenant qui changerait tout. Peut-être pas la soupe au lard, mais tout le reste.

Mais non, ça n'arrivera pas ce soir. Ce soir il doit tenir son rôle. Tout le monde dans la maison a un rôle. La mère s'occupe des chèvres et de la Pâquerette, le père des champs et du bois, le pépé bricole les mécaniques, voitures, tracteurs, télés, tronçonneuse, c'est sa spécialité, et la mémé fait la cuisine, la cueillette et les confitures.

Quand Barnabé a arrêté le collège, il y a deux ans, c'est-à-dire au moment où il n'a plus été légalement obligé d'y aller, on lui a trouvé un rôle dans la tribu des Bouton. De toute façon, le collège, ce n'était pas vraiment sa tasse de thé. D'abord il aime le grand air et puis il a un mal de chien à se concentrer. La seule chose qu'il faisait bien, c'étaient les rédactions.

– Tu écris bien, Barnabé, lui avait dit son professeur de français.

C'était la première fois de sa vie qu'on lui faisait un compliment. Il en avait rosi de confusion en regrettant que Rosa ne soit pas là pour contempler ce petit triomphe. Mais Rosa était déjà en quatrième et puis ça n'allait pas le mener bien loin de savoir écrire si le reste ne suivait pas.

Barnabé avait renoncé sans aucun regret à être initié au mystère du carré des hypoténuses.

– Tu pourras t'occuper des lettres pour l'administration, avait commenté le pépé, maître dans l'art de la répartition des tâches.

Mais Barnabé s'était montré tout aussi incapable de dialoguer avec l'administration, étant donné que les seules choses qui l'inspiraient, c'étaient la nature et les grands sentiments. C'est à cette époque-là qu'il avait commencé à écrire des petits mots anonymes à Rosa qu'il signait d'un B mystérieux. Il attendait qu'il fasse nuit pour aller les glisser ni vu ni connu dans sa boîte aux lettres.

Ces petits mots mystérieux, ils auraient pu lui parler d'amour à Rosa, mais non, Barnabé n'osait pas. Alors ils lui parlaient de l'arôme des tilleuls qui dégringole de la colline juste avant les feux de la Saint-Jean, ils lui parlaient des bonds éblouis d'une biche qui avait zigzagué devant le phare du solex une nuit lourde d'étoiles, ils lui parlaient de la mésange qui nichait sur la vieille armoire du salon derrière les pots de confiture et parfois aussi ils lui parlaient du monde qui le tourmentait à aller si mal quand il aurait pu aller si bien. Ils lui parlaient de son envie secrète de le sauver, ce monde, de le changer, de l'agrandir, il ne savait pas comment, mais il y pensait tout le temps.

Ils ne disaient rien de plus précis parce que Barnabé ne voulait pas encore qu'elle devine. Il prenait son temps. Il aurait bien aimé quand même être un oiseau pour se faufiler jusqu'à la boîte quand elle trouverait le mot dedans, quand elle lirait. Mais il n'était pas un oiseau, alors, il l'imaginait.

Rosa était intriguée, c'est sûr. Elle réfléchissait, passait en revue un à un tous les gars du village, puis tous ceux du collège, ne gardait que ceux dont la première lettre du prénom était un B, mais ça faisait encore beaucoup, une trentaine, échafaudait des hypothèses. Mais aucune de ces hypothèses n'effleurait de son aile « le gros Barnabé ».

– Tu t'es essuyé les pieds ? demande la mémé.

Barnabé ne répond pas et la mémé n'attend pas de réponse. Elle dit ça comme elle dirait « La journée a été bonne » ou bien « Il a fait beau aujourd'hui ».

Barnabé se demande si Rosa dira la même chose quand il rentrera le soir au mari qu'elle se choisira un jour parmi tous les gars qui soupirent après elle. Parce qu'il peut bien se pavaner le Joël, ce n'est pas gagné pour lui, loin de là. Peut-être même que Barnabé a ses chances, qui sait ? Quand il aura maigri un peu, évidemment. En attendant, il imagine. Et dans son imagination, Rosa est tout à lui quand il veut, sans qu'elle s'en doute, ou alors peut-être qu'elle s'en doute, elle doit bien s'en douter, belle comme elle est, que tous les gars… Non. Ça lui est insupportable de se dire que d'autres pensent à elle de cette façon-là, à ses mains sur, à sa bouche qui, à ses seins, à ses… sans l'amour qui va avec.

Il passe de l'eau froide sur son visage, se débarbouille, puis s'assied devant son assiette, la tête toute remplie de Rosa, un regard distrait posé sur les quatre écrans cathodiques qui diffusent quatre journaux télévisés à la fois différents et semblables.

Depuis toujours, les Bouton sont les rois de la récupération, surtout le pépé. Il fouine, il furète, il farfouille sans relâche, à l'affût des vieux machins dont les gens se débarrassent.

– Ça ne vous sert plus, vraiment ? Je le prendrais bien pour ma collection…

Comme il dit ça sans malice, on lui dit oui toujours, et comme la maison est grande, les vieux machins s'entassent et s'entassent.

C'est ainsi que le mur du fond a fini par être tapissé de trois rangées de téléviseurs empilés les uns sur les autres, tous réparés par ses soins et dont trois au moins sont allumés en permanence.

Ce soir, il y en quatre.

– C'est pour multiplier nos chances de voir quelque chose de bien, prétend le pépé, qui n'achèterait pour rien au monde un programme.

– On voit trois fois plus de saletés, voilà tout, rétorque la mémé, que l'autosatisfaction de son homme exaspère chaque jour un peu plus.

Barnabé ne prend pas parti. Il s'y risquait autrefois, mais il y a longtemps qu'il a compris que ça ne servait à rien, qu'à envenimer les choses. Il regarde le journal, même s'il trouve ça déprimant. Il pense qu'il faudrait remettre un peu d'ordre dans tout ce fatras du monde, mais se demande par quel bout commencer. Rien qu'ici, il y aurait de quoi faire, c'est sûr.

Très vite, il en a marre des morts, des inondations et des incendies de forêts, alors il pense à Rosa. Il se fabrique avec soin une image très précise d'elle découvrant demain matin la lettre qu'il ira glisser dans sa boîte quand le monde dormira. Ça fait naître un sourire tendre sur son visage grassouillet, qu'une pilosité naissante ponctue de façon saugrenue.

Ce qu'il ne sait pas, c'est que Rosa, même si elle sort avec Joël, est amoureuse de l'instituteur qui se prénomme Bernard et qu'elle n'est pas loin d'être persuadée qu'il est l'auteur de ces mystérieuses missives. Et comment pourrait-elle se douter que c'est « le gros Barnabé » qui lui écrit de si jolies choses ? Il n'y a qu'un instituteur pour écrire comme ça.

À dix heures, Barnabé monte dans sa chambre et s'allonge sur le lit en attendant que ses ancêtres aillent se coucher pour ressortir avec sa lettre.

Par la fenêtre ouverte se faufilent des odeurs d'herbe et de terre cuites par le soleil. Il fait encore tellement chaud qu'il faudrait beaucoup s'appliquer pour réussir à dormir, mais pour l'instant, il n'a pas envie de s'appliquer. Son regard vague sur le papier peint défraîchi où de petits groupes enchapeautés et enrubannés s'égayent sous les arbres. Son oreille surprend la chèvre qui trottine dans le salon devenu buanderie, qui boite, convalescente, après s'être déchiré la cuisse dans un barbelé. Un bruit de sourd métal l'avertit qu'elle a renversé son seau. Elle va devoir lécher l'eau qui court sur le dallage et s'insinue dans les interstices.

Barnabé regarde l'étagère où se battent inlassablement les vieux soldats de plomb hérités de son père, qui lui-même les tenait de son grand-père, qui lui-même... Un jour, de la même façon, Barnabé héritera de la ferme. Elle sera un peu plus délabrée et il n'y aura toujours pas de chauffage ni d'eau chaude.

– Ça sert à quoi l'eau chaude, tu peux me le dire ? répond

le pépé quand on l'asticote. Tu mets l'eau dans une bassine sur la cuisinière, un quart d'heure après, elle est chaude et voilà.

Barnabé sent confusément qu'il est différent des autres. Du pépé, du père, des gens du village et même de ses anciens camarades de collège. Il s'en fiche, d'hériter de la ferme. Il n'a pas envie d'être fermier. Mais le moyen de faire autrement ? Changer cet ordre-là, c'est bien plus compliqué encore que de changer le monde, c'est comme vouloir changer la couleur du ciel.

Pour quoi faire d'ailleurs ? Barnabé n'en sait rien. La seule chose dont il soit sûr, c'est qu'il veut Rosa. Joël lui, n'a eu qu'à venir faire le beau, hop ! c'est moi que v'là, avec son tatouage débile et son piercing imitation diamant. Barnabé n'a pas de tatouage ni de piercing, et en plus, il est gros. Alors il faut qu'il fasse mieux que Joël. Il paraît que les filles aiment qu'on les étonne, alors il étonnera Rosa en devenant un héros, comme ces soldats miniatures sur son étagère.

Soldat, oui, c'est quelque chose qu'il aurait bien aimé être. Voir du pays, affronter l'ennemi, se couvrir de gloire, revenir goûter le repos du guerrier dans les bras de Rosa.

Mais il soupçonne que l'ennemi ressemble toujours beaucoup trop à un être humain, vu de près, et se battre contre un être humain qu'on ne connaît même pas, c'est absurde.

Sur un chromo défraîchi emprisonné dans son cadre de plâtre juste au-dessus du lit, saint Michel terrasse éternellement le dragon.

Voilà encore quelque chose qu'il aurait bien aimé être. Pas un saint, un chevalier. Parcourir le pays, redresser les torts, punir les mauvais et sauver les bons et revenir jeter sa gloire aux pieds de Rosa.

Barnabé a lu un livre de chevalerie, un beau livre rouge que le pépé a obtenu pour son certificat d'études avec sur la tranche des souvenirs dorés. Le pépé, c'est le lettré de la famille, personne d'autre n'est allé aussi loin dans les études. Ce livre, Barnabé le relit souvent. Il parle de Lancelot, Perceval et Gauvain, de leurs rencontres avec des filles de roi ou des ensorceleuses et de leurs nobles combats. Sur une des illustrations, un chevalier qui ressemble à saint Michel affronte un ennemi vêtu de noir. Les ennemis étaient toujours vêtus de noir à cette époque pour qu'on les reconnaisse plus facilement. Maintenant, ils se déguisent. Parfois même, suprême perfidie, ils portent des vêtements blancs, alors pour les repérer, c'est carrément difficile. De toute façon, il y a belle lurette que le dernier chevalier est mort et enterré et que les salauds se la coulent douce partout, dans les journaux, à la télé et même dans la vraie vie.

L'éclair roux d'un petit rossignol traverse la fenêtre ouverte dans les touffeurs orangées du couchant. Barnabé pense aux bêtes dans la forêt. Ça fait plusieurs jours déjà qu'il y pense, à ces bêtes qui ont soif. Qui n'ont pas vu une goutte d'eau tomber de ce satané ciel depuis des mois.

Des pas résonnent sur les marches de l'escalier, une porte craque, et puis une autre, ça piétine, ça fait grincer des ressorts. Bientôt tout semble s'assoupir, écrasé par la fatigue ou la chaleur, ou bien les deux.

C'est le moment où Barnabé peut sortir sans bruit. Où il peut aller chercher le solex sous l'appentis et y attacher la petite remorque. Où il peut remplir trois gros bidons de plastique au puits avec le siphon. Des relents de gasoil se faufilent depuis la grange, font froncer ses narines. Il se dépêche de s'éloigner en poussant le solex devant lui.

C'est seulement quand il est un peu loin qu'il met en route le moteur. Il fait presque nuit, mais Barnabé ne craint pas la nuit. Il y voit comme un chat sans même avoir besoin d'allumer le phare, qui d'ailleurs ne marche plus. C'est plus pratique pour passer inaperçu et faire son détour par la boîte aux lettres de Rosa.

Il longe le poulailler industriel où traînent encore les remugles des cadavres qu'on a charriés la nuit passée parce qu'il y fait trop chaud, trop entassé. Quarante degrés à l'ombre dans l'air confiné du hangar, c'est mortel. Les petits poumons atrophiés se dessèchent et c'est l'hécatombe, une odeur qu'on traîne après soi.

Quelques bâtiments plus loin, Barnabé arrête le moteur, mission secrète. Le cœur battant, après des regards furtifs alentour comme s'il s'apprêtait à commettre un méfait, il glisse son billet plié en quatre dans le cube de métal gris qui lui sourit niaisement.

– Tiens, avale-moi ça et donne-m'en des nouvelles !

La maison de Rosa est au bout du chemin, et Rosa, peut-être endormie déjà. Ses parents ici, on les appelle les Valet, parce que c'est leur nom, ou encore, parfois, les Parisiens. Il y a une vingtaine d'années, ils sont venus s'installer avec leurs ancêtres qui avaient été bouchers dans une grande ville. Les jeunes Valet, c'est-à-dire les parents de Rosa, se sont lancés dans la vache laitière. Ça a fait rigoler tout le monde. Pensez un peu, des gens de la ville qui se mêlent de jouer les paysans. Mais ça a marché finalement, pas sur un grand pied, mais de quoi vivre et plutôt bien. Ça n'a évidemment rien changé au fait qu'on continue à rigoler et à les appeler « les Parisiens », même vingt ans après.

Et il faut bien reconnaître que même à la troisième génération, c'est-à-dire Rosa, on voit encore qu'ils ne sont pas d'ici. Rosa ne s'habille pas du tout comme les autres, les natifs, enfin nous. Il y a toujours un je-ne-sais-quoi dans sa tenue qui la distingue et qui fait que tous les gars des environs la courtisent en s'imaginant qu'elle se laissera faire plus facilement qu'une autre. Mais Barnabé s'en fiche pas mal, de ce que les autres pensent, Rosa est au-dessus de toutes ces mesquineries et lui aussi.

Vite, il pédale pédale et hop !

Quand le moteur ronronne, il est déjà loin, roule vers la forêt. Le soleil a entièrement coulé derrière l'horizon à présent, mais ça ne l'empêche pas de voir le ruban gris du bitume et les petites frisures d'herbe sèche sur les bas-côtés. La nuit n'a pas de secret pour lui. Surtout une nuit comme ça qui crache ses étoiles filantes comme des fusées d'artifice. Barnabé descend vers la Forêt du Milieu parce que ça fait partie de son plan, parce qu'il a son idée, parce que voilà déjà plusieurs jours qu'il y pense. Cette nuit, il va passer à l'acte, ça ne peut plus durer, ces biches qui zigzaguent sur le bitume. Son idée, c'est qu'il y a un abreuvoir à vaches dans la pâture Valet, celle qui fait le gros dos en lisière de forêt. Et comme les vaches n'y sont pas en ce moment, la barrière reste ouverte. Alors il va remplir l'abreuvoir avec ses bidons, les bêtes sauvages sentiront l'eau et elles viendront boire tranquillement pendant que tout le monde dort sans penser à mal. Ça en fera déjà quelques-unes qui ne mourront pas de soif. Il en a le cœur qui gonfle d'allégresse rien que d'y penser que grâce à lui, cet été, quelque chose ne mourra pas.

Il y va et il fait ce qu'il a à faire sans bruit, en écoutant le chant joyeux de l'eau qui gicle du réservoir, en respirant ses effluves tranquilles éparpillés dans le chaud et sec de la nuit. Au même moment, une étoile file juste au-dessus de sa tête comme une approbation et dessous Barnabé s'illumine. Il prend la mesure de ce qu'il est en train de faire. Et ce qu'il est en train de faire, c'est précisément ce qu'auraient fait saint Michel ou Perceval ou Lancelot ou Gauvain s'ils existaient encore. Parce qu'il a beau ne plus y avoir de chevaliers, les choses ne manquent pas qui auraient bien besoin de types comme eux pour s'arranger. Les dragons aujourd'hui n'ont plus d'écailles, ni trois ou sept gueules qui crachent le feu, ils sont cent fois pires parce qu'ils sont invisibles. Ils assèchent les campagnes, laissent des enfants mourir de faim et de soif, sèment du grain stérile et entassent les poules dans des boîtes pour les faire pondre, ils dressent les hommes les uns contre les autres, ils brûlent, ils détruisent, ils affament, ils désespèrent.

Ça se bouscule dans la tête de Barnabé comme jamais encore ça ne s'était bousculé. C'est vrai qu'il n'y a plus de chevaliers et alors ? Justement ! Pourquoi n'y en aurait-il pas à nouveau ? Et pourquoi pas lui, Barnabé ? Rosa serait si fière.

Mais voilà que ça craquette dans la forêt, voilà que ça halète et que ça gémit, voilà que des petits soupirs de bêtes nocturnes se faufilent jusqu'à lui.

Il faut vite qu'il s'en aille maintenant. Il faut qu'il emmène avec lui son odeur d'humain pour que le sauvage puisse venir en paix s'abreuver.

Il fait demi-tour, silencieux dans la nuit et regagne sa ferme, sa chambre, son lit. Pas pour longtemps. Demain, il change de vie !

CHAPITRE II

Le soleil à peine a commencé de rosir le creux de l'horizon quand Barnabé ouvre le premier œil. Il dévore déjà les cimes de la forêt quand il ouvre le deuxième. Aussitôt il pense aux bêtes qui ont bu et ça le rend joyeux. Et comme la nuit porte conseil, il a déjà son idée pour la nuit qui vient et son idée aussi pour tout de suite. Tout de suite, c'est le moment idéal pour se préparer, le seul moment de la journée où règne une illusion de fraîcheur. Il n'y a pas un instant à perdre. Avant le combat, il faut passer en revue l'équipement.

Le voilà parti à fouiller dans le fatras du pépé sous le hangar. Vieux poêles, casseroles, platines pour trente-trois tours, portemanteaux, étagères, réfrigérateurs, malles, lavabos, lustres, tout un bric-à-brac invraisemblable s'amoncelle jusqu'à la toiture, voisine avec deux tracteurs antédiluviens, une Simca, une deux-chevaux, un solex. Ça sert même à l'occasion de nid aux poules pour les œufs qu'elles refusent de pondre dans la buanderie devenue poulailler.

Évidemment, il n'est pas question de cheval, d'abord on n'en a pas, et puis ce n'est pas moderne. Le solex ira très bien, ou à la rigueur le tracteur, ça dépendra des missions.

Barnabé a aussi dans l'idée qu'il lui faudrait une sorte de heaume. Pas pour ressembler à un chevalier bien sûr, il n'est pas si bête. Pour le cas où on le prendrait en flagrant délit de mission secrète et où il devrait s'enfuir. Il ne faudrait pas qu'un témoin puisse l'identifier.

Au bout d'un moment, il trouve ce qu'il cherche : un masque d'apiculteur qui servait au grand-père ou peut-être même à l'arrière-grand-père, il ne sait plus, qui élevait ses ruches autrefois, près du lavoir, parfait pour opérer incognito. Il ne manque plus que…

Il sait ce qui lui manque. Ça ne se trouve pas ici, mais dans l'armoire du salon devenu buanderie où le pépé cache ses trésors les plus précieux, sous les piles de torchons coupés dans de vieux draps.

– Vous savez que mon père a tué un loup avec ça ? raconte-t-il en faisant admirer l'objet quand il sert la goutte aux Parisiens venus lui acheter ses volailles.

Il adore ça le pépé, prendre un Parisien en otage, l'assaisonner à la goutte et le finir avec ses souvenirs plus ou moins enjolivés et même quelquefois complètement inventés.

– Attention hein, pas un loup de rien du tout, non ! Un loup comme il y en avait dans les temps jadis dans la forêt d'ici, grand comme un veau, ma parole ! Et attendez... ce n'est pas fini ! poursuit-il en remplissant encore le verre du Parisien, qui en fait est sans doute lyonnais ou bien lillois, mais bon, il vient de la ville, ce qui revient au même. Le loup, c'était après qu'il avait marié la Jeanne, ma mère, mais avant le mariage, juste avant, il a tué un homme en duel avec ça.

– En duel ? s'exclame alors le Parisien, qui commence à ne plus comprendre très clair.

Il faut dire que la goutte sort direct de l'alambic et qu'on ne la coupe jamais ici, alors elle titre bien dans les soixante degrés, et le Parisien, qui ne veut pas avoir l'air d'un Parisien, nous boit ça l'air de rien. Et il a beau tousser un bon coup après, ça doit lui ramoner gravement le tube digestif, sans parler de ses neurones qui font une sérieuse virée au pays des châteaux qu'on construit à la pelle mais que personne n'a encore jamais pu visiter. À peine il ose protester.

– Votre père ? Mais c'était interdit de se battre en duel, non ?

Là, le pépé, qui n'est pas à une invraisemblance près, apporte quelques précisions pour faire passer la pilule.

– Oui, c'était interdit partout, enfin en ville, mais pas ici.

Il donne tant de détails que l'autre finit par se laisser convaincre et repart la tête au chaud et les jambes incertaines à travers les rues du village, sa volaille plumée sous le bras. Et le pépé range son pistolet sous les torchons jusqu'à la prochaine fois.

Barnabé glisse sa main dodue sous la pile et en extirpe la pièce de musée toute rutilante d'éclats cuivrés. Il ne sait pas comment ça marche, mais comme il n'a pas l'intention de tuer qui que ce soit, il s'en fiche. C'est juste pour l'intimidation, au cas où. Il n'a plus qu'à regrimper en catimini les marches de l'escalier et tout planquer bien soigneusement sous son lit.

Ces préparatifs lui ont donné du cœur à l'ouvrage. Un bol de lait vite avalé, il fonce ouvrir la porte des poules, donne à boire à la chèvre du salon, enfourche son cheval, enfin, son solex, et pique des deux vers les champs plantés de maïs au flanc de la colline de la Fresnaie.

La Fresnaie, comme son nom l'indique, ça suppose des frênes en nombre suffisant pour qu'on ait l'idée de baptiser ainsi la colline. C'était sans doute vrai autrefois, à l'époque où les loups étaient grands comme des veaux, mais aujourd'hui la forêt a reculé sur le ventre du coteau et on n'y voit plus guère que quelques maisons ombrées de hêtres ou de fruitiers, et aussi quelques champs cultivés, dont celui des Bouton.

Barnabé abandonne le solex et gagne à pied le milieu du champ. Il sort un vieux magnétophone de son sac, rembobine la cassette, la met en marche. Une musique aigrelette et nasillarde se déploie. C'est censé être le *Concerto n° 3* de Rachmaninov et il faut bien avouer que ça y ressemble. Barnabé s'assied, ferme les yeux, dodeline avec ses épis et tout est à l'unisson. Badabam badabam badabambambam.

Un jour qu'il allait encore au collège, un conteur était venu dans sa classe leur raconter l'histoire d'un vieil Indien qui jouait de la flûte à ses maïs. Les maïs avaient l'air d'aimer ça parce que l'Indien avait le plus beau champ du pays, et il prétendait que c'était parce que les plantes ont une âme et que cette âme est sensible à la beauté. Barnabé, emballé par l'histoire, avait tout de suite voulu la mettre en pratique. Bien sûr, il ne savait pas jouer de la flûte, mais il n'avait pas eu trop de mal à trouver un magnétophone dans le bric-à-brac du pépé et il avait juste eu à le tanner tous les soirs pendant trois semaines pour qu'il le répare. Une cassette avait été oubliée dedans, le *Concerto n° 3* de Rachmaninov. Barnabé avait foncé le faire écouter à ses champs de blé. Deux fois par semaine il y était allé. C'étaient des semences de l'année précédente qu'en principe on n'a pas le droit de ressemer et qui de toute façon ne donnent jamais que de la plante maigrelette et du grain anémié. Mais après Rachmaninov, on aurait dit du blé sélectionné de première qualité. Le vieil Indien avait raison. Le pépé lui-même n'en croyait pas ses yeux.

– Bon. Motus hein ? avait recommandé le pépé à toute la famille, en mangeant la soupe au lard avec des mines de complot à ne pas éventer. Pas la peine d'alerter tout le canton. On va essayer le truc avec le maïs l'année prochaine.

Ils avaient essayé. Et ç'avait été quasi miraculeux, étant donné qu'à cause de la sécheresse, presque tous les maïs étaient grillés, ratatinés ou dans le meilleur des cas atteints de nanisme. Sauf ceux des Bouton. Personne n'avait rien compris à ce qui se passait. Il y en avait même qui étaient venus les surveiller l'air de rien, des fois qu'ils arroseraient en douce. Ils en avaient été pour leurs frais. Tous les matins, les épis ruisselaient de rosée et de la rosée, il n'y en avait nulle part ailleurs. Quelques vaguelettes du troisième concerto étaient bien venues planer jusqu'aux oreilles d'un paysan ou deux, mais aucun n'avait fait le rapprochement.

Badabam badabam badabambambam.

Barnabé n'en finit pas de s'émerveiller. Bien loin du matérialisme du pépé pour qui il n'existe que des causes et des effets qui ne produisent donc jamais dans son esprit aucun état d'âme, Barnabé s'ébahit.

Et si la musique a le pouvoir de rendre ses maïs plus beaux et plus forts, elle peut peut-être lui rendre le même service ?

Il écoute, les yeux fermés, recueilli dans l'attente de la transmutation. Parfois il croit percevoir un tressaillement de ses muscles, un fourmillement de sa peau, alors il jubile.

« Ça y est, je deviens beau ! »

Il est soudain arraché à sa métamorphose par une voix bourrue qui lui cache le soleil. C'est le père qui revient de la forêt et qui a fait le détour tout exprès pour lui parler.

– C'est toi qui as rempli le réservoir Valet ?

Barnabé ne répond pas, mais il regarde le père de façon à ce qu'il comprenne ou plutôt qu'il soit sûr, parce qu'en réalité il s'en doutait déjà, que oui, c'était lui qui l'avait fait.

Le père est magnanime, peu exigeant. Une bonne trempe par-ci par-là quand ça en vaut vraiment la peine, mais sans abus, pour que ça reste mémorable. Et Barnabé sait déjà que son action de cette nuit ne constitue pas une raison.

– Bon, dit le père. Faut pas gaspiller l'eau. À moins que les autres soient d'accord. Les chasseurs après tout, ils seront bien contents d'avoir encore du gibier à tuer à l'automne. Je vais en parler au maire.

Barnabé ne dit rien. Il est fier que son action puisse faire réfléchir les hommes et peut-être même les décider à agir. Ça le conforte dans sa destinée de justicier. Mais ce soir, il fera mieux encore. Rachmaninov irradie ses badabam dans son cœur exalté. Chevalier Barnabé ! Chevalier ! Chevalier B.

C'est ainsi désormais qu'il signera ses missives champêtres, afin que Rosa sache qu'il est l'auteur de ces belles actions. Il lui annoncera de façon énigmatique ce qu'il va faire afin qu'elle sache qu'il en est l'auteur quand la chose sera faite, mais qu'elle ne puisse pas deviner exactement de quoi il s'agit avant qu'elle ne l'ait été.

Enthousiasmé par le foisonnement de sa pensée, Barnabé commence à composer mentalement sa lettre pour Rosa :

« *Cette nuit un sacrifice consacrera la souveraineté de la nature sur les artificielles semences. La chimie noiera la chimie pour la plus grande joie des épis…* »

Il y a un champ de maïs transgénique sur le versant ouest de la colline. Bien abrité, bien arrosé, dont personne ne veut mais auquel tout le monde consent. Au début, on a laissé tout ça s'installer sans bien comprendre. C'était une parcelle à l'abandon qui appartenait à la commune et qu'on s'est mis soudain à faucher et à labourer. Les gens ont cru que c'était pour faire une aire de jeux avec un petit toboggan et des bêtises comme ça pour les enfants de la ville. Mais non. On a désinfecté, engraissé, retourné encore, tout menu, avec autant de soin que si on allait faire du pain avec. Et puis un drôle de type du genre parisien est venu avec un petit visage tout mince et tout pâle pour inspecter le sol et donner des ordres au garde champêtre et au maire. Ça commençait à sentir le roussi. C'est juste après qu'on a loué les services de Totor – comme tout le monde l'appelle, bien que ce ne soit pas son vrai nom, et qui est toujours prêt à rendre service, sauf que là, ce n'était pas gratuitement – pour qu'il sème des graines de quelque chose qui ressemblait à s'y méprendre à du maïs. Et ça a commencé à montrer le bout de son nez avant tous les autres, sauf ceux des Bouton évidemment, mais il faut dire que c'était arrosé deux fois par jour et que l'homme au visage pâle venait les regarder pousser en prenant des notes.

« Et ça se comporte comme ci, et ça se comporte comme ça. »

Totor, sous le sceau du secret et après avoir été cuisiné dans les règles par le pépé à grandes lampées de gnôle, avait fini par lâcher le morceau.

C'était un champ de maïs transgénique.

L'information avait fait le tour du village, toujours sous le sceau du secret, comme une traînée de comète, et le lendemain, on ne parlait plus que de ça et de ne pas se laisser faire. Le transgénique, personne ne savait si c'était du lard ou du cochon, et il n'y avait pas moyen de le savoir. On avait entendu des scientifiques dire que c'était une grande avancée technologique et d'autres, que faute de recul on ne pouvait pas en évaluer toutes les conséquences. Quant aux grands marchands d'engrais et de semences, ils n'hésitaient pas à se poser en bienfaiteurs de l'humanité sur le point de résoudre le problème de la faim dans le monde. On ne voyait pas très bien comment les mêmes qui vendaient le grain à prix d'or allaient soudain se mettre à le distribuer gratuitement aux pays affamés. Finalement la seule certitude qui ressortait de tout ce pataquès, c'est que personne ne voulait que le transgénique s'installe. On avait déjà assez de Parisiens comme ça et on préférait les voir s'occuper de leur pelouse que de nos vaches.

Le pépé a tout de suite relativisé les choses.

– Ce n'est quand même pas comme si on nous construisait une déchetterie atomique.

Ça a si bien calmé les esprits d'avoir échappé à la déchetterie atomique, que personne n'a plus parlé d'empêcher quoi que ce soit, même si tout le monde continuait d'être contre, quasi à l'unanimité.

Bref, une mission parfaite pour un chevalier au cœur noble, une action exemplaire qui soulagerait un village tout entier et même, qui sait, aurait peut-être valeur d'exemple.

Barnabé en frétille par avance d'impatience et de terreur mêlées et la journée s'étire avec une saveur inaccoutumée.

Après Rachmaninov, il rejoint le père et le pépé pour les aider à débiter du bois en bûchettes et à le livrer. En plein cœur de cet été caniculaire où même les cigales exténuées attendent la nuit pour chanter, les fourmis pensent déjà à l'hiver et font leurs provisions longtemps avant que la bise ne survienne.

Quarante degrés sous les tôles du hangar où Barnabé ruisselant fend, splatch ! et refend, shouing ! cinquante bûches, cent bûches, deux cents bûches, et puis les charge sur la remorque et puis les décharge chez la fourmi. Mais le travail ne pèse pas quand la vie a un sens. Le travail est léger, les quarante degrés, un zéphyr, tout vient se mettre au garde-à-vous, tout vous cligne de l'œil, vous parle, vous caresse du regard et de la voix, exactement comme quand on aime avec l'espoir d'être aimé. Et justement. Alors le jour file, léger. C'est un souffle qui le transporte entre l'heure du chien et celle du loup, l'heure où le chevalier se recueille avant d'agir, où chaque geste devient sacré, où le cœur bat aux tempes et le bonheur s'élance en savoureuses giclées partout où il peut s'insinuer.

Barnabé couche sur le papier les mots inventés pour Rosa. Jamais ils n'ont été si beaux, si forts, si vrais. Barnabé fait des progrès. S'il n'avait pas choisi d'être justicier, il aurait pu être poète. Il le croit. Il le rêve. Il plie son billet en quatre, inscrit le nom de Rosa dessus, fourre son barda de justicier dans un sac à dos. Il n'a même pas mangé ce soir.

– Tu es malade ? s'inquiète sa mère, qui pourtant ne s'inquiète pas facilement.

– Trop chaud, répond-il en disparaissant très vite avant que l'odeur de la soupe au lard ne ramollisse sa volonté de lui résister.

Voilà comment se comporte un vrai chevalier. Il mangera après, quand sa mission sera accomplie, cette nuit. En attendant il meurt de faim. Et cette sensation étrange qui creuse son estomac l'enivre et accroît sa bravoure et sa confiance en lui. Il peut se maîtriser. Il lance une œillade complice à l'archange, son compagnon d'armes.

Depuis longtemps les étourneaux se sont abattus par grappes dans le feuillage des trois grands peupliers qui séparent la maison Bouton de la route et le rossignol a signé la fin du jour.

Barnabé attend encore, immobile, que cessent les craquements, frôlements, dernières traces d'éveil. Les loirs commencent leurs trottements nocturnes, s'appellent avec leurs drôles de petites voix stridentes qu'on dirait d'oiseaux. Il est temps.

Barnabé descend sous la grange, prend le masque à engrais, il n'aura pas besoin de celui d'apiculteur ce soir, et charge quatre bouteilles de désherbant total dans la remorque du solex. Puis se laisse glisser gentiment là où le terrain est en pente douce, jusqu'au chemin de la Saignée. Ça coule tout seul pendant cinq cents mètres et après il est loin, il peut enclencher le moteur. Froutt !

Ça y est ! Ça galope comme un bon petit cheval. C'est la nuit idéale, pas de vent, pas de pluie et personne dans les parages. Le visage pâle vient tous les matins d'Auxerre en voiture, repart le soir. Et le Totor, depuis qu'il a semé, il s'en fout.

Les voilà, ces beaux grands épis de maïs tout frais arrosés. Les voilà qui exhalent avec impudeur leur odeur d'humide qui se répand à des kilomètres à la ronde pendant que le reste du monde végétal sèche sur pied. Barnabé saute à bas de sa monture et endosse son armure – en l'occurrence, le dossard qui supporte les deux bouteilles de désherbant total. Il attache son masque, enfile ses gants, commence à arpenter les lignes. Il vaporise les pieds, la tige, les premiers feuillages, très vite. Jamais bon de s'attarder dans les vapeurs de désherbant. À mort l'ennemi ! Retour à la case départ, les visages pâles ! Psschitt, psschitt, psschitt ! Et vive Rachmaninov ! Il arrose, il asperge, il noie ! Il s'assure qu'il n'y aura aucun rescapé, arpente le champ pendant des heures, vient prendre les deux autres bouteilles et repart illico perfectionner son œuvre. Il jubile, il se sent beau. Il est exalté, déchaîné, l'enthousiasme fait éclater des millions de petites bulles de bonheur dans son cerveau, c'est cent mille fois mieux que la gnôle du pépé. Il se sent gigantesque, historique ! Toutes les bêtes alentour ont fui, flairant le danger mortel. Et lui, Barnabé, n'est plus le chevalier, il est le dragon lui-même, il crache le feu destructeur de toutes ses têtes enivrées de saccage, il est tragique, héroïque, exalté, il sauve l'humanité, il mourrait même, s'il le fallait. Mais pas tout de suite. Il faut que Rosa sache. Il faut prévenir Rosa. D'ailleurs les bouteilles sont vides.

Vite, il remonte sur son cheval, et vite il galope, galope. Jusqu'à la boîte aux lettres. Floup !

Ça, c'est une nuit ! Ça, c'est de la vie à n'en pas douter, de la vraie vie bien concentrée qu'on peut diluer ensuite pendant des années dans de l'eau de rose, pour les Parisiens.

Mais il n'en est pas question pour l'instant. Le repos du guerrier passe par un repas bien mérité. Un morceau de pain, du fromage de chèvre, une pomme du jardin. Rien n'a le même goût que d'habitude parce que c'est de la nourriture de héros. Barnabé voudrait que la nuit ne finisse pas, mais il le faut bien pourtant, qu'elle finisse, s'il veut voir la tête de Rosa.

CHAPITRE III

Le lendemain, à l'heure où le soleil commence déjà à suffoquer la terre, le visage pâle court comme un fou de long en large, en diagonale, de haut en bas, il gigote, bondit dans ses maïs dodelinants. L'odeur de la potion qu'on leur a administrée cette nuit est encore perceptible et ne laisse aucun doute :

– C'est du sabotage ! aboie le visage pâle. Ça ne va pas se passer comme ça ! Du sabotage ! Vous allez voir le préfet ! Vous allez voir la police ! Vous allez voir la loi !

Il ne sait plus ce qu'il dit. S'est levé tard ce matin. N'a pas dormi de la nuit avec cette chaleur, et le réveil n'a pas sonné, saleté d'électronique, saleté d'été, la pile a fondu. De temps en temps il s'accroupit, touche un épi comme s'il touchait une bête malade, on dirait qu'il lui prend le pouls et puis il saute en l'air et repart en braillant ses imprécations.

Sur la route devant le champ, il y a Totor qui arbore un air navré, bien obligé, qui est le seul à ne pas pouvoir rire dans sa barbe. Il n'en a pas de barbe d'ailleurs, et le visage pâle est quand même son employeur. Le garde champêtre n'ose pas trop non plus, mais sous sa moustache blonde, un peu de gaieté tire ses commissures vers le bleu implacable du ciel.

Il y a aussi les frères Lardu qui se sont dépêchés d'accourir, séparément, vu qu'ils se détestent autant que deux frères peuvent se détester, mais au même moment, vu qu'ils habitent dans la même ferme, coupée en deux d'un coup de craie par le père Lardu de son vivant. Le trait ne se voit plus depuis longtemps, mais il est resté gravé dans la tête des deux frères, et quand il y en a un qui a l'imprudence de faire déborder un ballot de paille, ça se bagarre œil pour œil jusqu'à ce que les femmes et les enfants viennent les séparer.

Ils ont cependant conservé des goûts en commun, comme par exemple celui très répandu de la catastrophe qui arrive aux autres, d'autant que leurs champs de maïs à eux sont desséchés depuis longtemps et que ça les narguait, tous ces beaux plans bien arrosés. Le visage pâle leur jette un sale œil. Il n'a aucune preuve, alors il soupçonne tout le monde, surtout ceux qui sont là pour profiter du spectacle. Il arbore ses couleurs de guerre, étonnantes pour un visage pâle, tout rouge d'avoir couru, d'avoir pesté, d'être resté au soleil à s'énerver, il frise l'insolation. On le sent au bord de quelque chose, on ne sait pas encore quoi.

À midi, ça y est, les maïs ont le nez par terre. Le soleil a fini de les cuire. C'est sans espoir, le spectacle est terminé. Le visage pâle remonte dans sa voiture, claque violemment la portière, démarre comme dans les films américains avec un grand bruit de caoutchouc, slissssch, et disparaît.

Le village respire. Il est embêté, mais il respire parce que c'en est fini de cette saloperie transgénique, et ça s'est fini sans qu'on ait eu besoin de lever le petit doigt.

Faut quand même avouer que c'est étrange.

Tout le monde remonte jusqu'au café où c'est justement l'heure de se rafraîchir d'une petite bière. Mais c'est toujours l'heure en ce moment, par quarante à l'ombre et jamais moins de trente la nuit.

Barnabé est là qui traîne sous prétexte de tabac, celui du père, parce que le tabac fait aussi café et marchand de journaux. Et comme c'est le seul à quinze kilomètres alentour, autant dire que c'est mieux que la télé et que tout ce qui est important dans le monde, on peut le savoir en venant là et en ouvrant grand ses oreilles. Encore mieux aujourd'hui où l'actualité est si brûlante et si fraîchement désherbée.

Il a à peine dormi, voulait être aux premières loges quand on s'apercevrait du massacre, et du coup, n'a pas déjeuné non plus. D'habitude, il fourre quelques barres chocolatées dans ses poches et quelques bonbons à la menthe pour l'haleine au cas où, mais là non. D'abord parce que quarante degrés, c'est mortel pour le chocolat et aussi parce qu'il n'en avait pas envie, et ça, c'est nouveau. Peut-être le métier de chevalier qui rentre.

Un chevalier se doit d'être frugal, voire affamé.

Rosa est là, appuyée sur la façade, qui parle avec une fille Lardu.

En l'apercevant, le cœur de Barnabé se met à gigoter dans sa poitrine comme s'il allait s'échapper et bondir dans les mains de Rosa. Et pas seulement son cœur.

Rosa porte une petite robe très courte, à bretelles très fines, si courte, si fines, qu'on devine tout ce qu'on ne lui voit pas. Sa peau que le soleil a miellée, la courbe idéale de ses seins et toutes les autres courbes appétissantes de ses cuisses, de son ventre… de ses fesses qui dansottent quand Rosa pouffe sur l'épaule de la petite Lardu et font naître une violente envie de pétrir.

Barnabé rougit en voyant la bosse sous sa ceinture, regarde autour de lui que tout le monde s'en fout, heureusement, à cause des chats à fouetter d'aujourd'hui, autrement plus importants que ses élans vitaux. Mais il a si peur que Rosa s'en aperçoive qu'il se raplatit presque tout de suite. Du coup, il peut s'approcher mine de rien.

Il s'approche.

Rosa et la petite Lardu font comme d'habitude, comme s'il n'était pas là. Il est transparent pour elles, sauf quand il fait un truc vraiment idiot comme tomber du tracteur.

Si elles savaient.

Mais l'ivresse de cette nuit est retombée et Barnabé n'est plus qu'un souvenir de chevalier, un gros garçon maladroit qui transpire, qui se sent lourd et pataud à regarder cette jolie Parisienne, cette élégante, cette appétissante qui fait frétiller tous les gars du village, pas seulement lui.

Le maire sort du café en parlant avec ses administrés. Il dit que c'est embêtant, se perd en conjectures. On le sent un peu content tout de même, un peu satisfait d'en être débarrassé, de cette saleté, vous vous rendez compte, sans lever le petit doigt en plus, mais sa fonction lui impose de ne pas le montrer.

– N'empêche, c'est un homme un vrai, celui qui a fait ça, commente Rosa.

Barnabé sent des petites vagues de plaisir submerger son front, ses tempes, dégouliner le long de sa colonne vertébrale.

– Il risque la prison, dit la petite Lardu.

– Il est trop fort, ils ne l'auront jamais, rétorque Rosa.

Barnabé boit du petit lait, se magnifie, réintègre à toute allure son armure de chevalier, ose une question murmurée :

– Tu sais qui c'est ?

Il a beau être transparent, il a droit aux questions, surtout les questions intelligentes et c'en est une justement que Rosa attendait, toute prête à prendre son air mystérieux, aussi mystérieux que le grand B qui lui écrit la nuit.

Elle hausse les épaules comme une qui en sait beaucoup plus qu'elle ne veut en dire :

– Bah... J'ai mon idée, oui, mais je peux pas en parler.

La petite Lardu en bave, elle est obligée d'avaler sa salive :

– Dis-le, dis-le, allez !

Mais Rosa met son regard dans ses chaussures. Elle ne peut pas, c'est top secret.

En réalité, elle est tout simplement étonnée. Elle en est à son vingt-troisième regard furtif vers l'instituteur qui est en train de boire une menthe à l'eau avec Totor et les autres – qui, eux, carburent au blanc sec –, et elle se tourmente à deviner comment il peut aussi bien cacher son jeu. En même temps, elle commence à douter un peu qu'un homme chargé d'éducation puisse enfreindre la loi. C'est arrivé bien sûr, mais c'est rare, surtout de cette façon-là. Quelque chose ne colle pas. Elle chasse très vite de son esprit ce quelque chose parce qu'elle est amoureuse, mais se demande quand même pourquoi, si c'est lui ce B mystérieux, il ne la regarde pas au moins un peu quand elle est là.

Peut-être qu'il est timide ?

Et voilà que Joël arrive, chevauchant une moto presque toute neuve, en tout cas astiquée de partout et qu'il fait pétarader au point que plus personne ne peut s'entendre pendant une bonne minute et que tout disparaît dans un nuage bleuté d'oxyde de carbone.

Rosa met fin à ses ratiocinations pour examiner l'engin et Barnabé, qui avait presque achevé sa métamorphose en archange Michel, se ratatine brusquement en un petit tas de Barnabé mou.

« Une moto maintenant ! pense-t-il. C'est trop facile à la fin. »

Lui se donne un mal fou pour sauver l'humanité des périls qui la menacent et ce grand débile de Joël exhibe une moto comme s'il la sortait d'une pochette-surprise. Évidemment, avec un père garagiste, tout lui est facile.

Et ça ne fait pas un pli.

Rosa oublie aussitôt l'acte héroïque pour contempler la mécanique. Elle la hume, elle en fait le tour, bientôt elle voudra monter dessus, c'est certain. Heureusement qu'elle est en robe, en plus Joël n'a pas pensé au deuxième casque, alors devant le maire et les flics, elle ne pourra pas.

Barnabé en a assez vu, il s'en va. Il sait qu'il va falloir se battre encore, lutter encore, montrer sa bravoure, il aurait dû s'en souvenir, un chevalier ne se repose jamais. Il faut retourner au turbin, inventer autre chose, une autre action d'éclat pour l'offrir en hommage à Rosa.

Il a une journée pour la mettre au point, avec Rachmaninov et le bois à charrier et les chèvres et les poules. Alors il parle aux chèvres, il parle aux poules, il parle aux arbres, il leur raconte tout par le menu, il leur demande leur avis. Ils ne répondent pas bien sûr, mais tout ça a le droit de savoir, c'est pour eux qu'il le fait, pour les faibles, les démunis, les oubliés, pour les laissés-pour-compte de l'humanité. Et pour Rosa. Ce n'est pas le travail qui manque pour un chevalier, mais il ne faut pas se tromper de cible, il faut être sûr de son coup.

– Toujours pas de soupe ? s'exclame la mémé désespérée en le voyant dîner encore de fromage de chèvre et de pain. Tu vas tomber malade.

– Mais non, mémé, je vais très bien, ça ne peut pas me faire de mal de perdre quelques kilos.

– Tu n'as pas besoin de perdre quoi que ce soit, tu es très bien comme ça, proteste l'ancêtre, aussitôt approuvée par les parents d'un hochement de tête.

Pour eux, la graisse, c'est la preuve qu'on profite. Il faut dire qu'ils sont tous secs comme des harengs dans la famille, alors bien sûr Barnabé les impressionne. Surtout qu'il abat le boulot en conséquence, et ça, c'est inestimable pour une dynastie de gringalets, on aurait donc plutôt tendance à l'encourager qu'à le distraire de la nourriture.

Barnabé, c'est l'exception génétique de la famille Bouton. En fait, pas vraiment génétique parce qu'il n'a pas toujours été gros. Ça lui a pris d'un coup. Il a suffi de quatre mois de cantine parce que le collège était trop loin pour qu'il puisse rentrer chez lui le midi.

– Il mange trop de sucre, avait décrété le médecin.

C'est vrai qu'il n'avait pas l'habitude de cette nourriture-là. Du soda, des gâteaux, des barres chocolatées, des yaourts sucrés aux arômes de fruits. Comme en plus il s'ennuyait ferme pendant les cours, il grignotait à longueur de journée pour se réconforter. Quand il a quitté le collège, il n'en savait pas beaucoup plus qu'avant, mais il avait pris vingt kilos et il les avait gardés.

– Le sucre, c'est une drogue, disait le médecin, plus on en mange, plus on a envie d'en manger.

« Quelle saleté ! s'était dit Barnabé. Ils auraient pu prévenir. »

À présent qu'il est chevalier, c'est le moment ou jamais de se débarrasser des vieilles habitudes. Fini la soupe au lard et les barres chocolatées. Ça ne doit pas être beaucoup plus difficile que de s'arrêter de fumer.

Le pépé le regarde bizarrement. Il s'est aperçu qu'il manquait quatre bouteilles de désherbant sous le hangar. Il a le nez fin le pépé, et ça puait l'atrazine à plein nez ce matin quand il a descendu l'escalier. Comme quand le fils traite les blés, sauf que les blés sont fauchés depuis belle lurette. Il a suivi l'effluve à la trace, s'est aperçu qu'il disparaissait comme par magie pile poil devant la chambre de Barnabé.

« Qu'est-ce qui peut bien lui prendre en ce moment à mon garçon ? Une crise d'adolescence tardive ? À son âge c'est donc possible ? Il paraît qu'il donne à boire aux bêtes sauvages, et maintenant il bousille les cultures transgéniques, serait-il révolutionnaire ? Mais quel avenir pour un révolutionnaire ? »

Voilà pourquoi il le regarde si bizarrement, avec un mélange d'inquiétude et d'admiration en se posant toutes ces graves questions philosophiques le concernant.

Barnabé ne s'en aperçoit pas. Il pense déjà à la nuit, à Rosa. Il sait ce qu'il va faire, alors il échafaude son plan, il est heureux par anticipation, il imagine sa lettre :

« Volaille, quel drôle de nom pour une bête qui ne vole pas, mais qui devrait au moins pouvoir marcher et respirer et boulotter autre chose que des antibiotiques.

Alors quelle joie tous ces petits poulets qui baguenaudent dans la nature »

« Baguenaudent », un des seuls mots compliqués que le collège lui a laissés en héritage. Il l'a aimé tout de suite, allez savoir pourquoi, ce mot un peu long et compliqué, qui s'écrit « bague » quand il parle de « vague », ce mot maladroit et un peu pataud, comme lui, Barnabé. Alors c'est dit, ils baguenauderont, ces poulets, joyeusement, et même, scandaleusement.

Les chauves-souris dessinent dans le ciel leurs rondes soyeuses. Parfois l'une d'elles s'égare dans la chambre de Barnabé, trace de grands cercles affolés de ne plus rencontrer que des murs, se suspend au papier pour reprendre son souffle, s'élance encore, trouve enfin la fenêtre qui la libère.

Ce soir, Barnabé laissera son cheval à l'écurie pour ne pas se faire repérer. Il prend quand même le pistolet, on ne sait jamais, et puis une lampe de poche et puis… Il trépigne. Le soleil a mis un temps fou à se jeter dans l'horizon et voilà que le pépé discute avec le père depuis une heure sur le perron à voix feutrée.

« Ne vont-ils jamais se décider à monter ? Qu'est-ce qu'ils peuvent bien avoir de si extraordinaire à se dire ? Peut-être qu'ils parlent encore du champ de maïs dévasté ? »

Ils en ont parlé ce soir aux informations régionales. Ils ont dit que l'attentat n'était pas revendiqué. L'attentat ? C'est vrai que Barnabé a attenté à la vie de tout un champ transgénique. Peut-être aurait-il dû le revendiquer ? Signer son œuvre d'un grand B, envoyer une lettre anonyme. Non. Seule Rosa doit savoir. Plus tard, quand il sera un chevalier confirmé, il avisera. Barnabé se rengorge à la pensée de son exploit. Il a accompli ce que tous secrètement rêvaient de faire. Sa vie a une tout autre allure maintenant, même si ça ne se voit pas encore à l'extérieur. Soudain il lui semble que l'archange le regarde.

Non, c'est impossible. Et puis si. Michel s'avance vers lui et le salue, main sur le cœur.

– Ça va ? dit-il.

– Ça va, dit Barnabé.

– Et Rosa ? dit Michel.

– Bah… ça va, dit Barnabé.

C'est mieux, oui. Ce n'est pas encore ça, mais ça s'arrange, ça va s'arranger, il en est sûr, il fait ce qu'il faut, il y travaille.

L'archange approuve en souriant, un vrai pote.

La maison s'endort, paisible, sous le poids du travail bien fait, de la fatigue accumulée, de la chaleur inaccoutumée.

« *… tes yeux sont des étangs, tes cheveux des rivières où mon âme assoiffée rêve de s'abreuver…* »

Barnabé s'ébahit d'avoir pensé ces mots, de les avoir écrits. Il s'intimide, redoute d'être incapable d'en pêcher d'autres au filet de l'inspiration.

« *… on dit que je suis laid, et pourtant je suis beau quand mon coeur chaque nuit dévore les étoiles qui… crachent leur jus de lumière s'unissant à la Terre…* »

… *la Terre,* Rosa. Oui, parfois il se sent comme un dieu s'unissant à la Terre.

Jouissance majuscule, anéantissement somptueux. Ça coule de lui, ça l'étonne, ça lui fait peur un peu, il ne s'appartient plus. C'est quelque chose de plus grand qui le meut, quelque chose qui ressemble à Dieu mais qui ne s'appelle pas. Ou alors peut-être, « poésie », ou alors peut-être, « amour ».

Il est temps.

Barnabé marche dans le clair laiteux de la lune.

Ça bruisse et ça chuchote sur son passage, mais ce n'est plus humain. C'est du sauvage qui sommeillait le jour, qui prend le relais des hommes, et se met à vivre à son tour.

Il glisse sa lettre dans le métal gris et poursuit sa route. Les chiens n'aboient pas sur son passage. Ils connaissent son odeur, son projet, sont ses alliés.

Le hangar est à quelques enjambées du village, avec assez d'air entre les deux pour absorber les grincements, craquements, crissements, caquètements. Le verrou cède facilement aux injonctions du fil de fer. On pourrait croire que le plus difficile est fait, non. C'est un autre embarras qui se prépare, imprévu. Barnabé a une pensée pour le pauvre Totor en pénétrant à l'intérieur. Tant pis pour lui après tout, il a sûrement une assurance. Tout le monde a une assurance. Pour tout. Pour la maladie, pour le vol, pour l'incendie, pour la mort, pour la vie. Totor n'est pas du genre à jouer les exceptions alors il en a une, forcément. Reste à neutraliser l'alarme. Facile. On n'est pas dans une banque et Barnabé connaît bien le système. C'est le même dans tous les poulaillers et il y a belle lurette que tout le monde au village le connaît. D'ailleurs le système n'est pas fait pour empêcher le vol. Personne n'aurait idée de voler des poulets pareils, à moins d'être affamé. Il est fait, ce système, pour prévenir le Totor quand il fait trop chaud ou trop froid. Alors la sirène se déclenche et réveille tout le village, Totor compris, qui accourt plus ou moins vite selon qu'il était plus ou moins loin, ou plus ou moins endormi.

Clic clac pouic.

Ça y est.

Barnabé sent palpiter son cœur d'aventurier, ouvre la porte à deux battants et la clarté lunaire s'engouffre, dépose sa lumière opaline sur la volaille endormie. Douze mille sur le papier, seize ou dix-sept mille en réalité à cligner des yeux devant le sauveur masqué. C'est blanc de plumes sur cinquante mètres de long et douze de large. Les sept de haut ne comptent pas pour ces oiseaux infirmes, à part pour l'oxygène. Et il en faut pour réussir à respirer un peu dans la puanteur des seize mille fientes qui éclaboussent le béton trente fois par jour et par nuit, s'amoncellent sous les bestioles qui y pataugent, mangent, dorment, vivent, enfin si on peut appeler ça vivre, sans jamais voir la lumière du jour autrement qu'à travers des tôles en plastique dépoli. Il est là, le dragon, ce soir, recroquevillé dans ses excréments, entortillé dans sa captivité immonde et imbécile.

Mais le chevalier grimace sous son heaume. Le voilà, le vrai problème : la porte est ouverte et les prisonniers n'ont pas bougé. Pas d'une crête, pas d'un ergot. Ils ont peur.

D'instinct, ils savent qu'aucun n'est jamais sorti de là-dedans autrement que les pieds devant et que de l'autre côté, il n'y a rien, que l'enfer des poulets. Et puis, il y en a qui ne peuvent pas marcher parce qu'ils n'ont jamais marché, parce qu'ils ne savent pas, parce qu'ils ne peuvent pas, parce que leurs muscles sont atrophiés, dégénérés, du marshmallow. Va falloir aller jusqu'au fond du hangar en faisant attention de ne pas déraper dans la diarrhée, et les pousser dehors.

Le chevalier B. entame courageusement sa progression, assure chacun de ses pas, éléphant esquivant la porcelaine, se fraye un chemin dans la marée duveteuse et pestilentielle. Ça s'écarte à peine, ça se réveille un peu, ça proteste. Ça ressemble à des poulets, mais en réalité ça n'est pas des vrais poulets. Aucune de ces bêtes-là ne dépasse les deux kilos réglementaires pour être acceptée dans les grandes surfaces. Ceux qui deviennent trop gros, comme Barnabé, on les fiche en l'air, pâtée pour les chiens, farine pour les saumons. Parfois, Totor en cède quelques-uns pour trois fois rien à ses voisins, comme les Bouton par exemple. Parce qu'ici, un poulet de deux kilos, ça fait doucement rigoler, autant dire qu'on n'appelle même pas ça un poulet et qu'on n'en mangerait pour rien au monde. Ici, un poulet ne s'appelle un poulet que quand il fait ses quatre kilos bien pesés, comme un petit d'homme qui vient de naître. Ça oui, ça ressemble à quelque chose. Mais pour en arriver là, il faut les engraisser avec du vrai grain, faut arrêter les antibiotiques, faut les entraîner tous les jours à courir, starting-block, cent mètres, deux cents mètres, course d'endurance, faut en faire des vraies bestioles bien rustiques qui ne craignent pas les intempéries et que les Parisiens, après avoir fini de tondre leur pelouse, viendront nous acheter.

Barnabé braque sa torche électrique, houspille un peu, et ça se met aussitôt à caqueter ferme.

Quoi quoi quoi quoi, on nous dérange ? Quoi quoi quoi quoi, qu'est-ce que c'est que ça ?

Le presque frais de la nuit en décide quand même quelques-uns à aller y voir de plus près. Et voilà que ça s'égaille, que ça se baguenaude, sauf que spontanément, ça ne va pas beaucoup plus loin que le bout de son bec. Alors Barnabé pousse encore, doucement, affectueusement presque. Et la marée enfin s'éparpille, dégouline le long du coteau, part à l'assaut des jardins, des pelouses desséchées, du bitume, tout étonnée de découvrir que l'enfer c'était ça, et qu'en réalité c'est une merveille, pourvu que ça dure encore un peu, de grâce, c'est si bon.

C'est si formidable cette odeur de nuit, tout ce sec sous les pattes, tous ces papillons, ces moustiques qui croquent dans le bec, ces pommes fraîches tombées de leur pommier, ces insectes qui rampent, ces chenilles qui grouillent, c'est l'extase, le Paradis, le nirvana des poulets ! Seize mille volailles prennent la mesure de leur liberté dans une nuit si blanche de lune qu'elle semble irréelle.

Chevalier B. les couve amoureusement du regard, se laisse envoûter par la féerie de l'écharpe claire, duveteuse ondulant autour de la colline, s'agrandissant à mesure, se mêlant à l'obscur. Il a peur de ce qu'il vient de faire et en même temps, il est fier de l'avoir fait, parce que jamais il n'avait rien vu d'aussi harmonieux que cette allégresse qui se répand dans la nature.

Ça n'a peut-être pas de sens pour les humains, mais ça en a ce soir pour lui, et le sens, c'est communion. C'est plénitude.

CHAPITRE IV

– Tu ne crois pas que tu y es allé un peu fort cette fois-ci, fiston ?

Barnabé ouvre un œil, découvre le sourcil froncé du pépé penché sur lui, se demande s'il ne rêve pas. Et puis tout lui revient. La vague blanche, la lune, l'héroïque libération. Il est rentré si tard, ou si tôt, jeté sur le lit tout habillé, qu'il ne s'est pas réveillé à six heures comme d'habitude, comme toute la maisonnée.

Le pépé vient juste de débouler dans la chambre. Ça ne lui est arrivé que deux fois dans sa vie. Autant dire que l'heure est grave. Mais il est peut-être encore temps de jouer l'innocence.

– Quoi ? tente Barnabé.

– Pas à moi, fiston ! Je ne sais pas ce que tu bricoles en ce moment, mais il faut que tu te calmes. Ils ne sont pas complètement idiots, tu comprends. Ils vont te trouver.

Parce que les maïs, ça pouvait encore aller, après tout c'était le maïs des Parisiens, mais cette fois, fiston, ça passe les bornes. C'est un gars d'ici tout comme nous, le Totor. Tu n'avais pas le droit. Et ça rime à quoi en plus, je te le demande ?

Il est énervé, mais il crie en chuchotant pour ne pas attirer l'attention et Barnabé comprend que ça va rester entre eux, que le père n'en saura rien et que c'est tant mieux, parce que cette fois, il risquait la trempe. Bing bang ! Il a beau être aussi sec qu'un cabri, le père, il cogne dur, et Barnabé n'ose pas répliquer, même s'il est plus costaud, parce que c'est son père. Alors devant cette proposition d'alliance inattendue, il faut jouer sur du velours, ou mieux encore, laisser planer le doute. Un chevalier ne peut tout de même pas mettre son grand-père au courant de sa mission.

– Je ne comprends pas de quoi tu parles, dit Barnabé en s'asseyant et en se frottant les yeux.

Le pépé n'est pas dupe ni décidé à en démordre.

– Tu as fait attention au moins ?

Barnabé se lève, jette un coup d'œil par la fenêtre, mine de rien, aperçoit quelques petites taches blanches qui agrémentent le paysage. Pas bien spectaculaire, il faudrait aller y voir de plus près.

– Tu as mis des gants ? Qu'ils ne fassent pas comme dans les films, avec tes empreintes.

– Pépé… laisse-moi tranquille, ou bien explique de quoi tu parles.

– Alors tu te fiches de moi, hein ? Je reviens du hangar

à Totor. Il y a du poulet à perte de vue ce matin sur la colline. Dans les jardins, dans les cours, dans les rues, dans les vergers et même dans les arbres, c'est un foutoir à ne pas y croire. De mémoire de Bouton je n'ai jamais vu un truc pareil. Une sacrée bonne histoire à raconter aux Parisiens, tu peux être fier de toi !

Barnabé ravale le petit rictus de plaisir qui lui chatouille les lèvres et passe devant le pépé pour sortir de la chambre. Il a hâte d'aller aux nouvelles.

Mais le vieux le retient par le poignet.

– Fais attention fiston, c'est grave ce que tu as fait là. Je ne pourrai rien faire s'ils t'attrapent.

Un frisson d'angoisse parcourt l'échine de Barnabé.

– Tu ferais mieux de te tenir à carreau, et pour commencer, rends-moi ce pistolet.

Barnabé blêmit. C'est vrai qu'il n'en a pas eu besoin jusqu'à aujourd'hui, mais enfin un chevalier sans son arme, ce n'est pas un chevalier. Il hésite, tergiverse, évalue la détermination du pépé, sans faille. Il soulève son oreiller, lui tend l'objet du délit en faisant la grimace.

– Ça peut tuer un loup et même un homme, dit le vieux, ce n'est pas à toi que je l'apprendrai. Et puis ça fait partie du patrimoine de la famille. Tu seras peut-être bien content de l'avoir un jour.

Bon, après tout, un chevalier ne va pas se laisser démoraliser par un petit obstacle de rien du tout. Il en trouvera une autre, d'arme. En attendant, il se faufile jusqu'à la porte sous l'œil réprobateur du pépé et dévale l'escalier.

Et cataclop cataclop, ou plutôt vroum vroum, car le cheval ressemble vraiment à un solex ce matin et en plus il refuse de démarrer. Pas grave, à force de pédaler, il arrive quand même sur les lieux de la tragédie nocturne.

Vide. Le hangar de Totor est vide. Ou presque.

Il reste encore une cinquantaine de bestioles incapables de tenir sur leurs pattes et qui ont rampé sur leurs moignons pour se rapprocher les unes des autres et ne pas mourir d'angoisse au milieu de tous ces mètres carrés désertés.

Totor est là, debout jambes écartées et poings sur les hanches, digne. Ça fait un bon moment qu'il est campé, qu'il réfléchit, qu'il ne comprend pas. Mais il essaye et ça lui prend toute son énergie. Ça lui donne un air presque héroïque qu'on ne lui avait jamais vu. Pas comme le visage pâle du champ de maïs de la veille, aucune tenue, de la colère de série télévisée, rien à se mettre sous la dent.

Barnabé en aurait presque des remords, mais quoi, on ne fait pas d'omelette sans casser les œufs.

Le maire est venu tout de suite parler à Totor, qui n'a pas bougé. Les frères Lardu sont venus aussi. L'un après l'autre, évidemment. Et puis sa femme, trois fois, pour qu'il vienne boire son café. Mais rien à faire, il n'a pas voulu en entendre parler.

Les autres du village ont fait un petit tour tôt ce matin, juste pour voir. Sont restés un peu à l'écart et puis s'en sont retournés chez eux pour essayer de rattraper quelques poulets et surtout pour les empêcher de boulotter le peu que le soleil n'a pas encore grillé dans le potager.

Vroum !

Au café-tabac, il y a encore plus de monde que la veille. Il y a aussi les plus jeunes qui n'osent pas se réjouir ouvertement, mais pour qui c'est quand même une franche partie de rigolade. Eux qui se plaignent toujours qu'il ne se passe rien à La Fresnaie, on peut dire que depuis deux jours, pour s'en passer, il s'en passe. Rien de tel pour égayer un mois d'août ratatiné de sec et déprimant, avec en plus la menace de la rentrée dans quinze jours. Des petits groupes se sont formés, fument des cigarettes, chuchotent avec des mines d'en savoir plus que tout le monde, suggèrent les plus folles hypothèses en mâchouillant du chewing-gum.

De temps en temps un poulet pointe sa trombine blanche et rose au bout de la rue ou au coin de la place et tous les regards se braquent sur lui comme sur le héros du jour.

– En voilà un !

Et le poulet prend ses pattes à son cou, il y tient à sa liberté. Il court comme jamais on aurait pu imaginer qu'une bestiole bourrée d'antibiotiques puisse courir. À croire qu'il s'est musclé pendant la nuit.

Rosa est là bien sûr, qui prend des poses et qui fait des mines. Belle comme un jour de pluie. Elle dit qu'elle sait des choses mais ne les dira pas. Qu'elle ne peut pas. Que celui qui a fait ça a ses raisons qu'on ne peut pas comprendre.

Et Barnabé devine qu'il a gagné cette nuit un morceau du cœur de Rosa. Même si elle ne le sait pas, elle l'aime déjà un peu, ce B mystérieux qui lui écrit la nuit et qu'elle mélange avec l'instituteur. Il suffit de voir son air extasié quand elle en parle, son regard qui prend la poudre d'escampette vers la cime des arbres, sa bouche qui se plisse un peu, qui se ferme sur leur secret à elle et à lui, Barnabé.

Leur secret.

Barnabé se berce d'illusions.

« Sûr qu'il peut aller se rhabiller, le Joël, parce que son nom à lui ne commence pas par un B. »

Mais le moment est peut-être venu d'aller voir ailleurs si j'y suis, parce que voilà l'estafette de la gendarmerie qui se lance à l'assaut de la colline, qui crisse des pneus dans les lacets, qui freine brutalement pour éviter trois boules de plumes caquetantes.

Ça prend de l'ampleur, pas de doute.

Vroum ! Pas que ça à faire. Le père l'attend pour fendre le bois encore, faut y aller. Ici, tout est en ordre, pas la peine de s'attarder. Rosa n'a pas même eu un regard pour la moto du grand Joël. Elle rêve. Elle pense au chevalier B.

Et vroum !

Quand même, Barnabé ne peut pas s'empêcher de repenser à ce que lui a dit le pépé :

« Tu as mis des gants ? Qu'ils ne fassent pas comme dans les films, avec tes empreintes. »

Bien sûr que non, il n'a pas mis de gants. Il fait bien trop chaud pour mettre des gants et puis on ne peut pas penser à tout.

Mais il ne faut pas croire, les gendarmes non plus ne penseront pas à tout. Ils vont peut-être bien interroger le monde et encore, ce n'est même pas sûr. Ils vont sans doute aussi farfouiller un peu partout et puis courir après les poulets, les traquer, les essouffler, leur flanquer ici ou là une petite crise cardiaque, mais ils ne trouveront rien du tout. Pour la bonne raison qu'on n'est pas dans un film et qu'un gendarme n'est jamais qu'un gendarme, pas un héros.

« Puisque c'est moi le héros, alors. »

Après ce remue-ménage, la journée s'écoule comme les autres à couper et charrier des bûches, à traire les chèvres et à verser le caillé dans les moules pour préparer le fromage. On pourrait croire qu'il ne s'est rien passé si un poulet ne jaillissait de temps à autre dans un recoin du paysage, faisant naître un sourire sur le visage de Barnabé et le confortant dans sa mission de chevalier.

Les coups d'œil inquisiteurs du pépé ne peuvent pas entamer son enthousiasme. Il va suivre son conseil, voilà tout, se tenir à carreau quelques jours en écoutant Rachmaninov, en regardant pousser le maïs, en pensant à Rosa, en préparant son prochain coup d'éclat.

La pleine lune a tenu ses promesses, le temps est en train de changer. Le ciel est à peine moins bleu, mais des petites nuées duveteuses commencent à le tapisser par l'ouest. Le rêve des paysans pourrait devenir palpable avant la nuit et ce ne serait pas un mal.

Ici la pluie signifie quelque chose. En ville, elle veut seulement dire plus ou moins de plaisir, ne pas pouvoir s'attarder à la terrasse d'un café ni se faire dorer sur une pelouse. Mais ici c'est sérieux. Ça contient la vie de récoltes entières, de milliers d'arbres aux racines trop peu profondes pour aller vers l'humide, de milliers d'animaux à pattes ou à ailes.

Barnabé lui-même se surprend à désirer l'ondée. Et pourtant le jour coule encore sous un soleil violent qui noie les chemises et fait naître des torrents tièdes sur les fronts laborieux.

Le conseil municipal se réunit le soir même. Il faut avouer que si on a eu quelques tracas depuis le début de l'été, deux trois accidents sans mort d'homme, deux débuts d'incendie et un vieux qui s'est senti mal, on a évité chaque fois la catastrophe. À la campagne, on s'en occupe, des vieux, on les arrose. Les incendies aussi, et ce n'est pas faute d'avoir de la forêt, de l'ancestrale même.

Mais une chose de cette ampleur-là, incompréhensible, ça ne s'est encore jamais produit.

On pense tout de suite à un rôdeur. De toutes les hypothèses, c'est de loin la préférable, pour la bonne raison qu'un rôdeur, par définition, c'est quelqu'un qui n'est pas d'ici.

Ou bien un farceur, ou alors une bande de jeunes, un peu gais, un peu partis.

– Mais tout de même monsieur le maire, ce n'est pas crédible. Les jeunes, ça pique des bagnoles, admettons, ça fait du bruit, admettons, mais ça ne vient pas ouvrir tout grand les portes des poulaillers la nuit et patauger dans le fumier. Ça ne tient pas debout. Il n'y a qu'un fou pour faire un truc pareil.

Un fou ! Le mot a claqué dans le silence. Ça c'est du nouveau, on n'y avait pas pensé et c'est encore mieux que le rôdeur comme hypothèse, c'est même tellement bien que personne n'ose plus rien ajouter. Comme on n'a pris aucune décision, on décide quand même d'être vigilant, de se tenir sur ses gardes, autant dire, de faire comme d'habitude. Et le conseil vaque aux choses quotidiennes.

Peu à peu, la nuit se laisse deviner. Il devient évident que les nuages n'auront servi qu'à incendier l'horizon au moment où le soleil s'y noie.

– Tout à l'heure, on ira mettre de l'eau à l'abreuvoir Valet, dit le père en regardant Barnabé.

Le gros garçon tressaille et tend l'oreille, aux aguets.

Slurp slurp.

Il regarde ses ancêtres se régaler de soupe au lard. Il fait trop chaud pour la soupe au lard, mais la mémé ne sait faire que ça. La sueur ruisselle sur les tempes des Bouton, goutte dans leurs assiettes. Il fait trop chaud pour la soupe au lard, pourtant Barnabé a un mal fou à lui résister. Il écrase consciencieusement son fromage sur sa tartine même pas beurrée. Dur d'être un chevalier sans reproche.

– J'en ai touché un mot au maire. Évidemment, avec tout ça, il a d'autres chats à fouetter, mais il va en parler aux Lardu et à Totor quand il aura digéré pour ses poulets.

– Quoi ? Ah oui, l'abreuvoir.

Slurp slurp.

C'est une torture. Qu'est-ce qu'elle a mis dedans la mémé, ce soir, de particulièrement appétissant ? Du lard, des poireaux, des pommes de terre… de la sauge ?

– Alors, en attendant, on va y aller. C'est une bonne idée

que tu as eue, il faut penser à la chasse qui va bientôt commencer.

Bien sûr, ça part d'un mauvais sentiment mais c'est le résultat qui compte. Les vivants auront leur chance de s'en tirer quand les fusils seront lâchés.

Le pépé reprend une louchée de soupe.

« Comment peut-il manger autant à son âge ? »

Barnabé fourre un morceau de tartine dans sa bouche. Nourriture de chevalier, frugalité, penser à autre chose. Réfléchir. Se tenir à carreau, d'accord, mais pas trop longtemps. Il a besoin d'agir maintenant et puis, il y a Rosa, il ne faut pas la laisser refroidir.

« Rosa, sa peau, ses seins, son… ventre. Oui, ça c'est bien. Plus faim du tout, soudain. Sauf d'elle. Quoi faire pour qu'elle m'aime ? D'aussi beau qu'hier soir. D'aussi grand. »

Slurp slurp.

« Qu'est-ce qui va mal sur cette planète, réfléchissons. Tout ou presque tout, à en croire le jité. Mais l'ozone, je n'y peux rien, les déchets nucléaires, faudrait être ingénieur au moins. Et puis bien sûr les guerres et puis la faim. »

Slurp slurp.

« Mais il faudrait une armée. Non. Pas une armée, on a vu ce que ça donne, ou alors une armée de guerriers pacifiques, mais ça n'existe pas et puis c'est trop loin. Alors ici, en France, qu'est-ce qui va mal ? Les pauvres. »

Slurp slurp. « Ouf, ça y est. L'ont nettoyée, la soupière. »

Barnabé respire, croque dans sa pomme de chevalier en se disant que dans les pièces inoccupées de la maison, il pourrait au moins en loger dix, de SDF. Mais le pépé ne sera pas d'accord, ni la mémé qui dira qu'il n'y a pas assez de soupe au lard pour tout le monde. Quand il héritera il fera ce qu'il veut, mais en attendant il faut trouver autre chose.

Il fait nuit.

Les gendarmes ne sont pas venus. Soit parce qu'ils n'ont pas beaucoup d'imagination, soit parce qu'il fait trop chaud et que ça fait fondre leurs intentions en même temps que leurs cellules grises. Ils ont quand même inspecté les lieux, puanteur et compagnie. Et puis ils sont restés deux heures chez le Totor à boire des bières et des cafés pour recueillir son témoignage. On n'est pas près de les voir se pointer.

La lune a commencé à décliner, mais pour l'instant, elle bondit dans le bric-à-brac du hangar, embrase tout ce qu'elle trouve, maquille de lumière pâle le visage de Barnabé qui ne pouvait pas dormir à cause d'une pensée saugrenue. Il voulait voir si son âme avait déteint sur son visage, si toute cette force de vie de la nuit dernière y avait laissé des traces.

Mais dans la maison, il y a juste un tout petit miroir dans la chambre du pépé et un autre dans celle du père, pour se raser. Dans celle de Barnabé, il n'y en a pas, parce que ça n'a pas encore poussé.

– Dans la famille, ça vient tard, faut pas t'inquiéter, a dit la mémé.

Il ne s'inquiète pas d'ailleurs. C'est ça de moins à faire.

Barnabé est donc descendu avec sa pensée. Il a traversé la cour avec elle, sans un bruit, et maintenant, il examine son reflet dans un bout de miroir qui garnit encore une vieille porte d'armoire sans armoire où il ne peut voir que des morceaux de lui-même. Tantôt le bas, coupé en diagonale de la cuisse à l'aisselle gauche, tantôt le haut jusqu'à la hanche droite.

Il lui semble qu'il a maigri, très peu mais c'est déjà quelque chose. La lune creuse ses traits, pose ses ombres et ses clartés sur le cheveu sombre qui ondoie, la bouche à peine charnue, l'œil ni bleu ni vert. Et puis, il y a quelque chose, là, dans son regard, qui n'y était pas avant, il en jurerait, comme un scintillement. Barnabé s'éloigne un peu, l'ombre s'estompe et les creux s'aplanissent, mais l'œil reste brillant.

Oui, il y a quelque chose qui n'y était pas avant, il en est sûr à présent, aussi sûr qu'il sent la vie mijoter dans ses veines, la vie qui palpite et qui bat.

« Ça y est, jubile-t-il. Je suis pile poil où je dois être. »

Un doute l'effleure soudain de sa petite aile sombre : Rosa aurait dû voir et Rosa n'a rien vu, et pourtant ce matin…

Mais ce matin, le regard de Rosa voltigeait dans l'azur pour y cueillir un chevalier à visage d'instituteur. Rosa ne l'a jamais vraiment regardé.

« Peut-être même qu'il faudrait lui mettre des points sur ses i, un de ces jours, pour qu'elle s'aperçoive que tu n'es pas si gras ni maladroit, qu'elle voie ce scintillement irréfutable et comprenne enfin que tu es le chevalier B. qui fait frissonner son âme. »

Il sent Rosa en lui à présent, il la sent au cœur de son cœur avec ses yeux de biche qui s'égarent dans les cimes. Il la voit. Cette Rosa si belle, si rousse, avec ses yeux qui sont des étangs, ses cheveux des rivières qui n'en finissent plus d'épouser la mer, il la rejoint sous le rideau de ses paupières, dans le pays parfait des songes où son corps assoiffé peut enfin s'abreuver.

CHAPITRE V

Barnabé a dormi comme un bienheureux avec son heaume et son armure, et avec son scintillement. Il a dormi avec Rosa, tant qu'il y était. Il lui a fait tout ce qu'il pouvait lui faire d'inventé exprès pour elle, faut s'entraîner, un avant-goût qu'elle a aimé. Grâce à un mixage maison de son rire, il a même ajouté, pour le prouver, des petits hon hon de ravissement et à la fin, elle a murmuré son nom, Barnabé... Oh, Barnabé !

Alors ce matin, il est gai. Il se penche sur le bleu du ciel qui réfute toute tentative de pluie, il aperçoit trois petites taches blanches sautillantes en bas à gauche du paysage comme un clin d'œil, et salut l'archange !

« Quel beau jour qu'aujourd'hui ! »

Barnabé s'habille, descend l'escalier. Il a l'impression d'avoir des ailes, d'être plus léger qu'une plume.

Un bol de lait de la Pâquerette, bien chaud, qui sent bon

l'herbe et le foin, inonde son gosier de plaisir. La mère le sollicite parce qu'elle est débordée et comme il n'y a pas de bois à charrier aujourd'hui, Barnabé est libre comme l'air.

– Faudrait porter un poulet à Lardu l'aîné.

– D'accord !

La vie est trop belle pour dire non. Il portera le poulet. Évidemment, un vrai poulet, pas une de ces bestioles molles que le chevalier B. vient de libérer.

Lardu l'aîné, c'est celui qui habite du côté gauche. L'autre, on l'appelle Lardu le jeune, bien qu'ils n'aient que trois ans de différence. Ils ont tous les deux renoncé à entretenir une basse-cour quand ils se sont aperçus que la volaille n'avait pas le sens de la propriété. Toujours à passer le trait de craie de l'aïeul comme s'il n'avait pas existé. Bien sûr, ça finissait immanquablement en conflits armés de fourches, avec les mômes pendus à leurs nippes et tirant dessus de toutes leurs forces en hurlant :

– Arrêtez ! Vous battez pas !

– S'il te plaît papa !

– S'il te plaît tonton !

Alors ils ont définitivement renoncé aux bêtes, à part les vaches et deux chiens enchaînés à des anneaux scellés dans la pierre et entraînés à faire du dégât fratricide.

Barnabé jette un coup d'œil en passant aux fenêtres qui enchérissent à coups de géraniums dégoulinants et de pétunias pétulants, les épouses Lardu prolongeant la rivalité de leurs maris par des signes extérieurs d'opulence. Les fleurs sont bien obligées de collaborer, et aussi le crépi qu'on repeint régulièrement de frais, cette fois-ci en rose à droite et en jaune à gauche.

Chacun des deux frères veut prouver au monde, ou à Dieu ou au défunt paternel, qu'il est le plus méritant, le plus digne héritier. Inutile de dire qu'on ne chôme pas chez les Lardu. Et comme ils font tous les deux du blé, du tournesol et du colza, c'est à qui mettra le plus d'engrais, le plus de désherbant, le plus de tout, pour avoir la meilleure récolte. Et même s'ils ne se causent jamais, ils s'espionnent. Surtout au moment de la moisson. Une tonne en plus ou en moins et c'est Austerlitz d'un côté et la Berezina de l'autre.

Mais le sujet le plus sensible, c'est encore la descendance. Lardu le jeune a réussi à faire deux fils à sa femme coup sur coup, tandis que Lardu l'aîné en est à son quatrième échec : rien que des filles. Il a même commencé à regarder sa femme de travers, à croire qu'elle le fait exprès. D'autant que les filles, ça ne mange pas moins que les garçons et à ce train-là, ça aura vite fait de boulotter tous les bénéfices.

Les cousins et cousines Lardu se faisaient aussi la guerre quand ils étaient petits, mais maintenant, les garçons ont treize et quatorze ans comme les aînées des filles et ils commencent à se regarder autrement. Bien sûr, ils sont cousins cousines, mais quand même, c'est à qui fera rougir l'autre.

– Il y a quelqu'un ? crie Barnabé depuis le seuil de la cuisine.

C'est Priscilla Lardu-l'aîné, Prissi pour les intimes, qui pointe sa tignasse blonde et ses yeux bleus dans l'entrebâillement de la porte. Elle grimace en voyant Barnabé. Elle s'attendait à autre chose, du nouveau, peut-être même un prince charmant.

– Ah, c'est toi ? Je suis occupée et je ne suis pas au courant.

Comme la mère de Barnabé lui a bien recommandé de se faire payer, il insiste et Priscilla consent à lui dire que son père est à l'autre bout de la cour.

– Vas-y voir, il est aux veaux. Attention hein, te trompe pas de porte. C'est la verte.

Barnabé traverse la cour, avec son poulet, pousse la porte verte, la referme derrière lui. Il papillote un peu pour accoutumer ses yeux à l'obscurité. Un rai de lumière parcimonieux se faufile par une minuscule ouverture et va s'écraser sur le mur du fond. Ils sont une douzaine dans ce noir, avec la silhouette d'un homme accroupi près d'eux.

– C'est le poulet, dit Barnabé. Il n'y a personne là-bas, à part Prissi qui dit qu'elle n'est pas au courant.

– Crénom ! éructe Lardu l'aîné. Ces bon sang de gonzesses sont même pas fichues de servir à quelque chose ! Bon, attends-moi, j'en ai pas pour longtemps.

Lardu l'aîné tâte ses bêtes, les ausculte, les pèse, les prépare, les bichonne. Le camion doit venir les chercher demain. Direction l'abattoir. Barnabé s'approche. Un museau beige pâle cerné de café au lait vient se poser sur sa main et la lèche.

Barnabé s'agenouille, sourit à ce regard luisant de vie qui n'a droit qu'à la nuit, qui n'aura jamais rien vu d'autre que cette étable avant une autre nuit, définitive et violente. Interdit de soleil pour que sa viande soit bien blanche quand elle arrivera dans l'assiette. Escalope cordon bleu, veau marengo, blanquette, tête de veau ravigote. On l'a séparé de sa mère dès la naissance pour pouvoir la traire et il n'a eu droit qu'à du lait en poudre enrichi de graisses de vaches mortes. Cannibale sans le savoir, il ne connaît pas non plus l'herbe et n'en mangera jamais. Demain il fera son premier et dernier voyage, il n'aura vécu que quelques semaines et quand le coup de pistolet l'enverra dans l'autre monde, sa petite âme de veau ne saura pas ce que vivre veut dire.

– Hum… belle bête, dit Lardu l'aîné en soupesant le poulet. Viens, je vais te payer.

Le petit café au lait fait quelques pas dansants derrière Barnabé, suçote un peu ses doigts comme si c'étaient des pis et pleure à émouvoir une pierre en voyant s'échapper cette mère d'occasion. L'estomac de Barnabé se noue.

Voilà qu'il se sent responsable de tout, voilà qu'il souffre pour tout.

Lardu l'aîné fait l'appoint sans un mot, sauf à Prissi :

– Paresseuse ! Bonne à rien !

Il l'enguirlande en bonne et due forme devant Barnabé qui compte pour du beurre, qui s'en fiche d'ailleurs, et qui a vite fait de s'éclipser parce que c'est mauvais pour son moral de rester là. Il n'arrive pas à oublier le regard du veau, et ça lui gâche sa journée qui avait si bien commencé.

« Vite, se changer les idées ! »

Et vroum ! Il enfourche le solex qui ronronne gentiment jusqu'au maïs. Tout de suite il se sent mieux. Même si le *Concerto n° 3* de Rachmaninov patine un peu. Même si pour tout dire, il est quasiment près d'expirer. Baaadaaabaaam baaadaaabaaam. Mais les maïs n'ont pas l'air de protester. Barnabé s'est allongé dans leur ombre. Ses yeux auscultent le bleu du ciel, le décomposent, comme quand on regarde les photos d'un journal de trop près jusqu'à ne plus voir que des points, sauf que les points sont bleus et blancs et brillants. Et bientôt ça ne ressemble plus du tout à un ciel. Baaadaaabaaam baaadaaabaaam. Mais le regard café au lait revient le hanter. Il ne mangera plus jamais de veau. Il ne mangera plus jamais d'agneau, ni de chevreau. Il faut laisser à tout ça le temps de vivre un peu. Tu parles d'un paysan !

« Enfin voyons Barnabé, les bêtes, ça se mange, c'est fait pour ça, c'est pour qu'on puisse les manger que Dieu les a créées. »

Et voilà Dieu complice maintenant ! Est-ce qu'il existe seulement ? Barnabé n'en sait rien, mais les veaux, ça ne fait aucun doute, et ils vont mourir demain. Il ne mangera plus jamais de viande, c'est juré. Sa décision est prise. Définitive. Ça le réconforte un peu.

Rachmaninov aussi. On dirait même que ça patine moins. Badabam badabam. Rachmaninov était sûrement végétarien. Un type qui écrit une musique pareille ne peut pas avoir eu dans son assiette un veau café au lait. Badabam

badabam badadabambam ! Quel type, ce Rachmaninov ! C'est si beau qu'on pourrait mourir juste après. Si seulement les veaux pouvaient l'entendre avant l'abattoir. Si seulement Barnabé pouvait leur faire écouter le troisième concerto rien qu'une fois. Par exemple sur la route, quand le camion s'arrête à la patte-d'oie…

« Mais oui ! C'est ça ! »

Le voilà, le prochain coup d'éclat. La première mission diurne du chevalier B., bien plus dangereuse que les autres, libérer les veaux ! Il va leur faire découvrir Rachmaninov, il va même faire plus que ça, il va les emmener dans la forêt pour qu'ils s'y perdent, pour qu'ils y vivent, pour qu'ils connaissent le goût de l'herbe et l'odeur des arbres. Tant pis pour les carnivores. Ils n'auront pas de cette viande-là dans leur assiette, pas assez blanche, trop rose, trop vivante. Tant pis aussi pour Lardu l'aîné, il est assuré, et on ne fait pas d'omelette sans…

La pensée de Barnabé batifole.

Les veaux deviennent sauvages, ils grandissent, ils font copain-copine avec les biches, ils sont une horde de taureaux vigoureux que nul n'ose plus approcher.

Barnabé s'enfièvre, s'enflamme. Sa bravoure prématurée lui monte à la tête, il ne voit pas les risques, il ne voit que les avantages. Il se voit, mission accomplie, déposant ses lauriers aux pieds de Rosa qui se pâme, Rosa qui le veut, Rosa qui l'épouse et ils eurent beaucoup d'enfants.

Et pendant ce temps-là, Rosa se pomponne pour aller voir l'instituteur.

Elle n'en peut plus de convoitise, a décidé d'en avoir le cœur net. Après tout, il lui écrit toutes les nuits des billets enflammés, alors elle peut bien lui rendre visite.

Elle a cueilli douze roses dans le jardin de sa grand-mère en cachette, parce que les fleurs en ce moment c'est aussi précieux qu'un panier de morilles. On les pomponne, on les arrose, la nuit, puisque c'est interdit le jour, pour qu'elles consentent à fleurir, et voilà douze roses crémeuses avec des pétales aussi craquants que des noix fraîches. La grand-mère va hurler mais tant pis. Rosa a mis sa plus jolie robe, la bleue. Celle qui lui moule les seins et les hanches. Elle a posé un peu de fard sur ses joues et ses lèvres, pas trop.

Maintenant, elle traverse la grand-rue et s'en va frapper toute tremblante à la porte de l'instituteur au plus chaud de l'après-midi, à l'heure de la sieste, c'est plus prudent, parce que ici le moindre geste fait le tour du village et revient à son point de départ avant qu'on ait eu le temps d'en faire un deuxième pour protester.

Elle attend, fébrile, sous les soixante degrés du perron, que ça remue à l'intérieur. Se dit qu'il fait peut-être la sieste lui aussi. Elle ruisselle, essuie ses mains moites sur sa robe. Derrière, pour que ça ne se voie pas.

Et voilà qu'on ouvre. Et voilà que le beau visage de l'instituteur apparaît dans la pénombre du séjour, et voilà qu'il s'étonne et puis, voyant les roses, voilà qu'il sourit.

Oh, ce sourire radieux qui respire les roses et s'agrandit.

Il est si charmant l'instituteur, si jeune, si ! Bien sûr, il n'a jamais été son instituteur à elle, il n'est là que depuis un an et c'est même pour ça qu'il est un peu surpris qu'elle vienne le voir. Mais il lui propose quand même une citronnade bien fraîche et la fait entrer dans le séjour. Et Rosa rosit puis s'assombrit presque aussitôt en découvrant la mince silhouette qui s'avance vers elle, lui tend la main.

– Je vous présente Sophie, dit l'instituteur.

Rosa vacille comme si elle avait reçu un coup sur la tête. D'où sort-elle, cette Sophie qui sourit, cette Sophie qui se blottit contre lui comme si elle n'avait fait que ça toute sa vie ? Un an qu'il vit seul dans cette grande école et fait semblant d'être célibataire et voilà qu'il exhibe soudain cette fiancée comme s'il venait de la fabriquer avec de la pâte à modeler, avec de la pâte à gâteaux, avec de la pâte qu'on a tout de suite envie de croquer dedans.

– Je ne… savais pas que… balbutie Rosa.

Mais elle ne peut pas finir sa phrase, elle n'a même pas eu l'intention de la finir, d'ailleurs, c'est inutile, le bel instituteur précise, justifie :

– Sophie travaillait à Paris. Elle vient d'avoir sa mutation.

Rosa encaisse, trahie, comme morte, pense aux billets signés « Chevalier B. ».

Elle est désespérée, reprendrait volontiers son bouquet parce qu'il y a encore la grand-mère à affronter et que c'est pour rien qu'elle a tué ses roses, pour un qui se fiche pas mal d'elle, qui n'en valait pas la peine, un usurpateur. Un fiancé !

Elle refuse précipitamment la citronnade qu'elle venait d'accepter et s'enfuit pour cacher sa honte. Personne ne l'a vue heureusement, ça roupille encore partout. Si seulement elle avait pu en faire autant. Si seulement.

L'instituteur et la fiancée abasourdis haussent les épaules en regardant Rosa courir en silence dans la brûlure du soleil, sa robe bleue bientôt engloutie par la lumière. L'incident est clos. Demeurent les roses.

Barnabé ne soupçonne rien de son désespoir. Son nouveau projet l'a tout empli de gloire prématurée.

– Fiston, ils sont venus, dit le pépé. Je te l'avais bien dit.

Il a suivi son petit-fils jusqu'à la buanderie.

Il parle des gendarmes évidemment, mais Barnabé fait son indifférent. Il enlève l'attelle de la chèvre guérie.

– Tu vois, elle trotte.

– Ils sont restés pas loin d'une heure.

– Et alors ?

Flip flap. La mésange, un vermisseau au bec, entre par la vitre brisée, volette jusqu'à l'armoire pour nourrir sa nichée.

– Et alors rien. J'espère que tu te tiens tranquille hein ?

– Je ne sais pas de quoi tu parles, pépé.

– Non ? Et les bouteilles de désherbant alors, c'est toi qui les a bues peut-être ?

Un léger trouble brouille le regard de Barnabé. Il les avait pourtant planquées, ces bouteilles, en principe on n'aurait pas dû s'en apercevoir avant le printemps. L'ancêtre a dû ranger, ou bien fouiner, mais pas question d'avouer, ce n'est pas le moment. Le mieux est encore de faire l'idiot.

Ça marche, le pépé comprend tout de suite qu'il n'en tirera rien.

« Il est buté ce Barnabé, c'est moi tout craché. »

– Tu as de la chance de m'avoir, dit le pépé. Bien de la chance.

Flip flap. La mésange repart, infatigable, à la recherche de pitance pour ses oisillons.

Tant qu'à faire de bouder la soupe au lard, Barnabé est monté dans sa chambre avec son fromage et sa pomme. Fromage pomme, pomme fromage, c'est quand même monotone. Il pourrait peut-être aller grappiller un peu de raisin sur la treille de Totor, ou bien des mirabelles dans le jardin de l'instituteur ?

Il mâchonne le fromage, il écrit à Rosa. Lui dit qu'il va libérer l'innocence. Lui dit aussi qu'il veut la voir, que le moment est venu, ça y est, c'est décidé, parce qu'il a réfléchi que bientôt elle va partir pour la fac d'Auxerre et que là-bas tout peut arriver, que n'importe quel m'as-tu-vu avec une moto et un piercing imitation diamant peut bousiller son œuvre, alors plus question de tergiverser.

« *Rendez-vous à l'abreuvoir sur la colline, demain neuf heures. Dans les feux du couchant nous nous reconnaîtrons. Tu sauras qui je suis et combien je te veux.* »

Il lui dit cent autres choses maladroites et tendres pour qu'elle vienne, pour qu'elle voie bien, derrière ses mots, son amour.

Et il signe « *Chevalier B.* ».

Ensuite, il se sent tout vide, il a peur.

Il va prendre des risques demain comme jamais encore il n'en a pris, il ne pourra pas faire marche arrière, il encourt la prison.

Grillons et criquets mêlent leur chant, le lièvre lance son vagissement lointain et deux hiboux se font des promesses galantes pendant que Barnabé scelle son destin, se coule dans l'escalier, se faufile dans la nuit. Un chat n'aurait pas mieux fait.

Les ténèbres déjà ont mangé un morceau de lune qu'un halo roux sertit comme un écrin et les touffes des stratus voilent les constellations.

D'une main tremblante, le chevalier B. laisse tomber dans la boîte des Valet le billet qui doit décider de sa vie. *Alea jacta est.*

Demain, Rosa saura. Et lui aussi.

CHAPITRE VI

À plat ventre dans le fossé en contrebas de la patte-d'oie, Barnabé transpire depuis une heure à guetter la bétaillère. Une heure qu'il meurt d'envie de foutre le camp, de déguerpir, d'oublier qu'il est un chevalier sans peur, c'est raté, et sans reproche, ça c'est encore vrai pour l'instant. En attendant, il est censé être aux maïs avec Rachmaninov mais il n'y est pas, et si le père a l'idée de passer par là, il aura des soupçons, le pépé n'en parlons même pas. Barnabé vit dangereusement en ce moment.

Vroum ! Heureusement, il passe une voiture par heure à la patte-d'oie, il ne risque pas de se faire repérer et il ne risque pas non plus de manquer la bétaillère.

Il est venu à pied avec tout son barda, par cette chaleur à ne pas mettre un paysan dehors. Il a perdu au moins cinq cents grammes, peut-être même un kilo. En tout cas il a perdu, c'est certain, parce qu'il a remonté deux crans de ceinture ce matin et ça, ce n'est pas de la gnognote. Il a pris le fusil à sanglier, bien obligé puisque le pépé a confisqué le pistolet de l'ancêtre. Ce n'est pas plus mal d'ailleurs, ça fait plus sérieux, même s'il n'est pas chargé, mais l'autre n'a pas besoin de le savoir, il sera mort de trouille de toute façon, c'est ce qui compte. Dans son sac à dos, Rachmaninov se tient prêt à jaillir du magnétophone. Barnabé a tout prévu. Le mouchoir et la corde pour ligoter l'ennemi, le masque d'apiculteur pour qu'on ne le reconnaisse pas, parce que en plein jour évidemment, ça s'imposait question anonymat. Sauf que ça tient diablement chaud, à peine s'il peut respirer.

« Bon, un chevalier doit pouvoir tout endurer. »

Un petit point gris émerge d'une tache de verdure. La bétaillère.

La voilà qui sinue sur la pente de Valprofonde, qui s'approche lentement mais inexorablement de son destin et de Barnabé, ruisselant de terreur et serrant contre lui le fusil à sanglier.

La bétaillère roule et roule encore doucettement, elle se traîne, elle étire le suspens à n'en plus finir, elle joue avec les nerfs de Barnabé, on dirait qu'elle trimballe un troupeau tellement c'est lourd, tellement c'est lent. Elle va encore ralentir en arrivant près de la patte-d'oie et puis s'arrêter pour laisser la priorité et alors, à toi de jouer Barnabé ! Au travail !

« Mon Dieu, saint Michel, aidez-moi ! »

Le cœur de Barnabé s'emballe. Pas le temps pour les états d'âme.

Vroum. La bétaillère toussote et hoquette. Vroum vroum. Derrière les claires-voies, on entend déjà les meuglements des douze veaux de Lardu l'aîné qui, sans l'intervention de Barnabé, seront entassés bientôt avec des douzaines d'autres, tous morts de peur bien avant d'être morts vraiment. Cette pensée donne du courage au chevalier B. qui n'arrête pas de se répéter que non, ce n'est pas possible il ne peut pas faire un truc pareil, sauf qu'il l'a dit à Rosa, alors bien sûr, maintenant il l'imagine Rosa, et il la voit, l'impitoyable aimée qui le traite de dégonflé.

« Tu l'avais dit, tu ne l'as pas fait, je m'en doutais ! »

Il ne peut pas le supporter. Il ne veut plus être le gros Barnabé, jamais. Il veut en finir tout de suite. L'amour rend intrépide, et puisque le voilà ce dragon, c'est dit, il va le tuer, maintenant ou jamais.

« Maintenant ! »

Barnabé bondit.

– Haut les mains !

L'autre descend, genre poids moyen, rien d'inquiétant, les bras en l'air comme dans les films. Il a encore plus peur que Barnabé.

« Et après qu'est-ce qu'on fait ? »

– Par ici, grogne le chevalier B. en faisant le geste avec son fusil d'aller vers le fossé.

– Couche-toi, dit-il encore.

Il a hésité à le tutoyer, et puis il a pensé que c'était plus patibulaire.

Et hop ! Il lui attache les mains derrière le dos et les pieds, il le bâillonne. Vite ! Du beau travail ! Hop ! Une bâche sur la tête pour protéger de l'insolation, on ne sait jamais, faudrait quand même pas qu'il meure. Vite ! Grimper dans la cabine du camion, embrayer, marche avant et roule ! Barnabé n'a pas le permis mais il sait conduire, il conduit bien même, le pépé lui a montré, on sait tout faire chez les Bouton, bien obligé. Il vire à gauche, vroum, file vers la forêt, vroum vroum, manœuvre pour se faufiler en marche arrière dans le chemin des Marronniers. Vite ! Planque le camion à couvert d'un noisetier.

« Ça y est. »

Il a quoi ? quelques heures devant lui, peut-être moins, peut-être plus.

Vite vite ! Libérer les bestioles qui s'affolent là-dedans. Barnabé enlève son masque, les aide à descendre, les porte, petit, petit, les pose délicatement sur l'herbe. Et voilà qu'aussitôt ça gambade, se carapate, trébuche, s'éparpille. La blancheur innocente, le veau du sacrifice qui fuit l'immolation, en voilà au moins douze qui ne tourneront pas vache folle. Il les presse, les appelle, va chercher les retardataires, longe avec eux la lisière du bois. Il se met à quatre pattes dans la prairie, arrache l'herbe avec ses dents pour leur montrer, c'est comme ça qu'il faut faire, miam miam. Ils ne savent pas évidemment, ils n'ont mangé que du lait en poudre. Alors Barnabé mâche, rumine, avale.

Le petit café au lait apprend vite, il mange tout, l'herbe aux ânes, l'herbe aux chantres, l'herbe aux chats, l'herbe de la Saint-Jean, l'herbe aux gueux, l'herbe aux perles, l'herbe aux verrues, l'herbe sans couture, l'herbe à éternuer, il éternue. Barnabé les emmène dans la forêt. Il mange les feuilles basses des arbres, mange les mousses, les lichens, les champignons, ça y est, le voilà herbivore, tu parles d'un menu, elle est loin la soupe au lard ! Mais au moins ils auront vu autre chose que du noir, ils auront gambadé un peu. « Qu'est-ce que je peux faire de plus ? »

Ils prennent la grande sente des Sangliers vers l'ouest, ils rencontrent une clairière.

Barnabé s'assied sur un tronc abattu par la tempête. Il sort Rachmaninov de son sac et badabam badabam ! Il respire, soulagé.

« Mission accomplie. »

Les bestioles ne couinent plus, ne pensent plus qu'à s'étonner, à grignoter tout ce que museau rencontre. Badabam badabam. Ils sautillent, les rescapés de l'abattoir, ils gambadent, cabriolent, batifolent, le cœur à l'aise, l'odorat enfiévré.

À l'heure qu'il est, on a dû trouver leur bourreau saucissonné dans son fossé. On l'interroge.

– C'est un gars grand et fort, avec un masque et un fusil.

« Ils peuvent courir ! »

Bientôt, ils retrouveront le camion, mais ils vont mettre du temps à comprendre que c'était seulement libérer les veaux qu'il voulait, parce que des histoires comme ça, on n'en voit pas souvent à la télé ni nulle part ailleurs, alors ça ne leur viendra pas à l'esprit tout de suite. Ils vont d'abord penser que c'est un coup des Manouches installés de la veille sur le camping de Valprofonde, vont imaginer qu'ils ont kidnappé les veaux pour les rôtir. Ça de gagné.

Les heures s'écoulent.

Barnabé a rembobiné deux fois le troisième concerto et la troisième fois, Rachmaninov a rendu l'âme, l'a cédée au silence. Le silence c'est bien aussi. Un moment d'éternité à partager avec les arbres et les bêtes sauvages qu'on ne voit pas, mais elles sont là qui nous respirent.

Le jour décline et l'estomac s'en va faire un tour du côté des talons. Choisit mal son moment. L'heure du rendez-vous approche et le cœur de Barnabé s'emballe, recommence à battre trop fort.

Tam-tam tam-tam tam-tam ! Rude journée, même pour un chevalier. Il murmure à l'oreille du petit café au lait pour qu'il comprenne bien qu'il n'a pas intérêt à rester dans les parages.

– Je reviendrai te voir. Va dans la forêt plus loin, il y a des biches et il y a des chevreuils, ils te montreront quoi faire, va, va dans la forêt, tu verras, la liberté, c'est du bonheur liquide qui coule dans les veines, va.

L'abreuvoir Valet est de l'autre côté de la colline. Dix minutes de marche après avoir bien expliqué au petit café au lait de ne pas le suivre. Il n'a rien voulu entendre bien sûr, mais il court moins vite que Barnabé. Et le voilà encore abandonné, l'œil en point d'interrogation.

Le cœur du chevalier B. se serre.

« Faut-il toujours abandonner ou être abandonné ? »

Pas le temps d'être triste, pas le temps, son destin l'appelle. Tam-tam tam-tam tam-tam !

De l'autre côté, à sa rencontre, un pas en avant, trois pas en arrière, s'en vient Rosa.

Qui a pleuré tout l'après-midi.

Et à la fin, quand le soleil a murmuré ses incandescences orangées, elle a relu le billet.

« Si ce n'est pas l'instituteur alors qui est-ce ? » Pas ce grand idiot de Joël en tout cas, elle en est sûre. Joël en fait, c'est un vrai plouc, un frimeur, un rouleur de mécaniques.

Elle lui a donné un ou deux baisers juste comme ça, parce qu'elle s'ennuyait, elle ne sait même plus pourquoi c'était d'ailleurs, et puis son nom ne commence pas par un B.

« Mais qui alors ? »

Elle a voulu savoir. Il a fallu qu'elle fasse semblant de monter dans sa chambre après le dîner et qu'elle en ressorte sans faire de bruit par la fenêtre, avec la complicité de la glycine. Elle l'avait déjà fait pour Joël, pour pouvoir échanger un baiser dans l'abribus ni vu ni connu. Mais le feu n'était pas vraiment au rendez-vous et les baisers de Joël, plutôt du genre baveux, plutôt du genre à éteindre l'incendie que le contraire. Question romantisme, c'était raté, vraiment raté.

Il n'est pas si loin l'abreuvoir après tout, et puis il restera bien un petit bout de lune pour s'y retrouver.

Si seulement le ciel n'était pas si plombé. Tout à l'heure, l'horizon avait à peine fini de dévorer le soleil qu'une armée de cumulus gras et gris s'est emparée du ciel par l'ouest, noyant tout sur son passage, planètes, étoiles, grosses et petites, jusqu'à la lune qui doit lutter pour rester au premier plan et encore, par intermittence.

Heureusement, Rosa connaît le chemin les yeux fermés. Elle l'a arpenté toute son enfance à cueillir des pissenlits, des mûres et aussi des rosés-des-prés qui ont vraiment l'air rose dans le frais de l'aube.

Tam-tam tam-tam tam-tam.

Rosa est là qui regarde autour d'elle, pas vraiment rassurée.

Barnabé non plus n'est pas rassuré. Il se sent moche d'un coup. Il se sent gros.

« Chevalier, ohé ! Me laisse pas tomber, ce n'est pas le moment. »

Le vent s'est levé et Rosa n'a pas entendu son pas craquer dans la forêt.

Tam-tam tam-tam tam-tam !

Il pourrait faire demi-tour, se sauver, aller consoler le veau café au lait, il pourrait, mais ce serait indigne d'un chevalier.

« Allons, maintenant c'est l'heure, il faut y aller, même si c'est mille fois pire que d'affronter un dragon. Saint Michel, de grâce, aidez-moi ! Et toi Dieu, si tu existes, c'est le moment de te rendre utile ! »

Rosa ajuste son regard sur la silhouette qui vient d'émerger du chemin forestier. Elle fouille aussitôt sa mémoire, Bertrand, non, Brice, non, Benjamin, non, Baptiste ? Boris ? Brian ?... et soudain elle le reconnaît mais n'en croit pas ses yeux, ne réalise même pas que son nom commence par un B :

– Qu'est-ce que tu fais là, Barnabé ?

– La même chose que toi.

– Pas possible. J'ai rendez-vous.

– Moi aussi.

Rosa s'agace, Rosa est mal à l'aise. Rosa ne veut pas comprendre.

– C'est lui qui t'envoie ? hasarde-t-elle au bord des larmes.

Barnabé est épouvanté. Il regrette d'être venu.

« Au secours, Michel ! Au secours, l'archange ! Au secours, Dieu ! Ça ne se passe pas du tout comme dans mes rêves. Rosa n'est pas éblouie, elle ne voit pas mon scintillement, elle ne voit pas que j'ai maigri, elle ne voit rien ! »

– Mais... lui, c'est moi, murmure-t-il.

Un silence atterré suit sa déclaration. S'il ne faisait pas si sombre, Barnabé pourrait voir à présent que Rosa est livide et que ses jambes flageolent, exactement comme les siennes, mais pas pour la même raison.

– Prouve-le, dit-elle d'une voix mourante.

Barnabé prouve. Récite par cœur le billet qu'il lui a envoyé, récite le dernier, l'avant-dernier et l'avant-avant-dernier, il lui explique ce qu'il a fait et pourquoi il l'a fait. Il lui dit tout en peu de mots, parce que Barnabé écrit bien, mais parle peu et mal.

Rosa est convaincue.

« Trop c'est trop, se dit-elle. Déjà l'instituteur cet après-midi et maintenant ça ! Mais qu'est-ce que j'ai fait à Dieu pour mériter ça ! »

Ce n'est pas qu'elle soit méchante, Rosa, mais elle est triste parce que l'instituteur ne l'aime pas et qu'il ne lui reste plus que ce gros Barnabé fou à lier qui croit que le monde peut changer. Et elle est si désenchantée qu'elle éclate de rire soudain, qu'elle rit en même temps qu'elle pleure.

Barnabé comprend tout de suite qu'elle s'échappe.

« Saint Michel, où êtes-vous donc ? Qu'est-ce qu'on fait dans un cas pareil ? Et Dieu alors ? »

Il panique, se dit que peut-être il est trop tôt, qu'il n'aurait pas dû, qu'il a été maladroit. Alors il cherche, il improvise, il invente sur-le-champ une prouesse extraordinaire qu'il envisage pour l'amour d'elle. Il lui dit qu'elle n'a rien vu encore, qu'il va l'étonner, faire une chose héroïque, légendaire, époustouflante, qu'il va aller à Paris voir le président de la République chez lui à l'Élysée pour lui dire de s'occuper des SDF et des bêtes qui ont soif et des vieux qui meurent d'amour bien plus souvent que d'autre chose et des oiseaux du ciel qu'on empoisonne et des abeilles et…

et de tout. Et le Président l'écoutera, bien obligé, parce que s'il ne l'écoute pas, lui Barnabé se fâchera.

Il ne sait plus ce qu'il dit, le rire de Rosa lui fait trop peur, trop mal, le ratatine, le désagrège.

– C'est vraiment débile ! dit-elle entre deux éclats.

Elle a raison.

Barnabé rentre sous terre, profond, bientôt on ne le verra même plus. Il se recroqueville à mesure qu'il invente ce qu'il fera au Président s'il n'obtempère pas. Il se rend compte qu'il est pitoyable et que Rosa ne peut plus s'arrêter de rire et de rire encore parce qu'elle est au bord de la crise de nerfs et lui alors, il n'est plus rien.

« Chevalier B., où es-tu donc ? »

Mais soudain ça remue, ça bondit, ça immobilise ce qui était déjà immobile.

C'est-à-dire Barnabé.

– Au nom de la loi, je vous arrête !

Barnabé et Rosa ne se sont aperçus de rien, n'ont rien entendu venir. Les gendarmes n'ont eu qu'à leur sauter dessus pour avoir le mot de la fin, comme dans les films où la justice triomphe toujours. Finalement, ils regardent peut-être la télé.

Barnabé croit que Rosa l'a trahi. Il n'arrive plus à se dire qu'il est un justicier, qu'il est un homme, un vrai. Il pleure.

Et Rosa aussi pleure. Elle a droit à un sermon et une escorte pour la raccompagner chez elle pendant que Barnabé se retrouve tout seul avec les gendarmes qui font leur boulot, menottes, fourgon et tout le tintouin, sauf que c'est la vraie vie, parce que dans la fausse, normalement, le héros s'échappe toujours.

Juste au moment où on le fait entrer dans le fourgon, il regarde le ciel et son regard croise une étoile qui file rien que pour lui entre deux nuages. Du coup, il s'arrête net de pleurer. C'est le signe que tout n'est peut-être pas perdu.

– Comment avez-vous fait pour me retrouver ?

– Le père Valet avait repéré ton petit manège. On a lu ta dernière lettre avant Rosa.

Ouf, Barnabé respire. Elle ne l'a pas trahi, c'est le plus important. Le reste il s'en fiche, juste un contretemps. Il ne redoute pas ce qui l'attend et à présent qu'il a pleuré il se sent mieux, même s'il a un peu honte de l'avoir fait devant elle.

« Est-ce qu'un chevalier pleure ? Va savoir. Mais en supposant que ça arrive, est-ce qu'on irait l'écrire dans un livre ? Non, il en est presque sûr, on ne l'écrirait pas. Alors peut-être que les chevaliers pleurent, et peut-être que ça n'empêche pas d'être chevalier de pleurer parfois, quand on a mal. »

Il pense à son pote l'archange qui l'a bien laissé tomber tout à l'heure, ne parlons même pas de Dieu, mais lui c'est excusable, c'était la première fois que Barnabé s'adressait à lui.

Après tout la vie de chevalier comporte des risques et à vaincre sans péril, on triomphe sans gloire, il le savait.

Aux gendarmes, il avoue tout ce qu'il a fait et pourquoi il l'a fait. Il fait naître un sourire sur le visage de l'adjudant qui tapote sa tempe avec son doigt à l'intention de son collègue, discrètement, mais Barnabé l'a vu dans le rétroviseur. Non, il n'est pas fou, il est amoureux.

Tout à coup, le fourgon fait une embardée, freine de justesse pour laisser passer, cot-cot cot-cot, deux poulets qui traversent le ruban de bitume et crapahutent joyeusement vers la forêt. Barnabé a juste le temps d'apercevoir les deux croupions blancs qui se dandinent en cadence.

Il sourit.

– Saleté de volaille ! râle l'adjudant.

Cette nuit, il y aura encore des veaux et des poulets pour respirer de grandes bouffées de liberté. Il y en a même peut-être qu'on ne retrouvera jamais.

CHAPITRE VII

Barnabé est en prison. Pour combien de temps ? Va savoir.

C'est comme ça qu'il a appris qu'il venait d'avoir dix-huit ans, parce qu'à trois semaines près, il relevait de la justice pour mineurs. Mais chez les Bouton, on n'est pas du genre à souhaiter les anniversaires, alors au bout d'un moment, on ne se rappelle plus. Barnabé s'en fiche d'ailleurs des anniversaires, pourvu qu'on ne le garde pas trop longtemps après celui-là, pourvu que Rosa ne l'oublie pas. Bon d'accord, ça ne pouvait pas continuer comme ça, le juge l'a dit, il a fait des choses illégales, mais de là à dire qu'il regrette, non, quand même pas. Enfin, mettons qu'il ne le fera plus, mettons qu'il va réfléchir à un autre moyen. Parce que bien sûr le combat continue. Un chevalier, ça ne se laisse pas abattre. Barnabé a trouvé sa mesure maintenant, il s'est agrandi, de partout, et plus seulement en épaisseur, comme avant.

Le pépé est venu le voir, il est bluffé. Il ne comprend rien, mais il est bluffé. C'est une sorte de héros, son petit-fils. En tout cas, c'est ce qu'il a raconté à tout le monde au village.

– D'accord, il est en prison, d'accord. Mais il n'a tué personne pas vrai ? Il n'a volé personne non plus. Oh, les poulets bien sûr, les veaux bien sûr, mais ça partait d'un bon sentiment après tout, c'est l'intention qui compte pas vrai ? Est-ce que je les enferme moi, mes poulets ? Non, bien sûr, je n'approuve pas cette sauvagerie, cette passion forcenée de liberté, enfin pas complètement, mais quand même, est-ce que vous pouvez nier qu'il a un cœur en or, mon Barnabé ? Qui est-ce qui va oser venir me prétendre le contraire ? Hein ? Qui parmi vous tous peut se vanter d'avoir un cœur aussi beau que le sien ? Hein ? Toi ? Non, hein. Et toi non plus. La vérité, c'est que c'est un héros mon Barnabé, la voilà la vraie vérité !

Évidemment, le pépé espère quand même qu'en sortant, Barnabé va se calmer, parce que la prison, ça va bien un moment, mais il ne faut pas en abuser. En attendant, il arrondit les angles parce que les parents sont furieux, tellement terre à terre, tu sais bien Barnabé, mais il faut que tu me promettes de te tenir tranquille quand je t'aurai sorti de là, fiston.

Barnabé promet parce qu'il a d'autres projets chevaleresques. Il sait même lesquels maintenant, il a réfléchi. Il veut écrire. Quoi ? Il ne sait pas encore, mais des poèmes, mais des romans, mais de tout ce qui s'écrit et ne se vend pas, surtout. Surtout qu'il va avoir du temps.

– Écrire ? Mais et le blé ? Et le maïs ?

– Oui le blé, oui le maïs bien sûr, Rachmaninov bien sûr, mais ça n'empêche pas d'écrire, au contraire. D'ailleurs, il faudrait trouver une autre cassette, le *Concerto n° 3* a rendu l'âme au fond des bois.

– D'accord, d'accord, promet le pépé. D'accord mon garçon, mais tiens bon surtout. Ne te laisse pas abattre, écris, tiens, puisque ça te fait plaisir. Pour une drôle d'idée, c'est une drôle d'idée, mais enfin bon.

Et avant de partir, il ajoute :

– Les Parisiens, ça va leur en boucher un coin, tu peux me croire !

Et le pépé s'en va.

Barnabé regarde les murs tristes de sa prison. Il en a pris pour huit mois, dont quatre avec sursis. Rosa ne l'oubliera pas. On a parlé de lui dans *L'Yonne Républicaine.* On a mis son nom et même sa photo. Pas qu'il en soit fier – les journaux, c'est comme les jités, tout leur est bon, surtout quand ça saigne et que ça sent mauvais –, mais cette fois, c'est pour la bonne cause, la cause chevaleresque. Et Rosa le verra. Elle pensera que tout ça, il l'a fait pour elle.

Il pense au veau café au lait. Pourvu qu'il ait compris, pourvu qu'il soit bien allé au tout profond de la forêt. Avec son poil qui vous a des airs de feuillage d'automne, on le prendra peut-être pour un chevreuil et il tiendra jusqu'à l'ouverture de la chasse, ce sera toujours ça de pris.

Barnabé ferme les yeux, fredonne le *Concerto n° 3* de Rachmaninov, badabam badabam, en entier, badabam badabam, il le connaît par cœur. Et il commence à écrire dans sa tête, il écrit pour Rosa, se dit qu'il va écrire si bien qu'elle l'aimera.

« Rosa, je n'ai plus peur, plus peur de vivre, plus peur de rien, de presque rien, Rosa, grâce à toi. Il y a encore des dragons partout qu'on ne voit pas toujours mais il y aussi un dragon à l'intérieur de nous. Le mien me faisait croire que j'étais gros et moche et nul, trop nul pour toi, trop nul pour être autre chose qu'un de la tribu des Bouton.

J'ai apprivoisé mon dragon et il me mange dans la main maintenant, il mordille encore un peu parfois, mais gentiment. Et si tu préfères le grand Joël, tant pis, si tu en préfères un autre, tant pis, si tu te maries, que tu as des enfants, et que tu t'en vas, tant pis, parce que de toute façon je t'aime Rosa, que tu sois heureuse ou malheureuse, je t'aime, dis-le-toi et ne l'oublie jamais, surtout quand tu auras mal, il y a toujours des moments où on a mal. Pense alors que je pense à toi, que je ne te demande rien, et que si un jour tu me veux, je serai là, tout rempli de cet amour qui me nourrit, m'époustoufle, m'agrandit.

Je t'attends ma Rosa, t'attendrai jusqu'à mon dernier souffle et n'ai pas du tout besoin que tu m'aimes pour t'aimer.

Signé : Chevalier B.

P.-S. : Si tu m'aimes, quand même, c'est mieux. »

CHAPITRE VIII

Quatre mois plus tard, le pépé l'attend, dans sa vieille Simca d'avant la société de consommation, devant la maison d'arrêt d'Auxerre, lugubre. C'est à peine s'il fait un petit geste pour l'accueillir et lui tend quand même une grosse tablette de chocolat en marmonnant :

– C'est au prix du caviar, le vrai chocolat, maintenant.

Barnabé ne comprend pas sa mine déconfite.

– Ben quand même pépé, me revoilà.

Le vieux marmonne quelque chose qui ne trouve pas le chemin de ses lèvres mais son silence n'entame pas l'enthousiasme de Barnabé qui cric crac croque dans la tablette de vraie vie qui se prépare.

– En avant pépé, allons-y !

La trombine toujours sinistre du pépé ranime son inquiétude que Rosa ne lui ait jamais rendu visite, ni écrit ni rien, pas le plus petit signe de vie, il faut bien l'avouer.

Mais peut-être que ses parents n'ont pas voulu qu'elle fréquente un repris de justice ?

« Oui, c'est sûrement ça », se persuade-t-il.

Tant qu'il y est, il se persuade aussi que le pépé est dans un mauvais jour et que c'est pour cette raison que ses sillons sont plus creusés que d'habitude.

Maintenant qu'il a réglé son compte à l'inquiétude, hop ! il n'y a plus qu'à rouler.

Parce qu'à présent, il faut bien l'avouer, il ne pense plus qu'à une chose : revoir Rosa.

Rosa qui l'attend, c'est sûr. Elle a eu tout le temps d'y réfléchir, que c'est bien lui le chevalier B. et qu'il a fait tout ça pour l'amour d'elle, même la prison. C'est quand même un hommage de taille, pas le genre qu'on néglige d'un battement de cils avec l'air d'en avoir vu d'autres.

Barnabé sifflote tout le long du chemin, s'émerveillant de revoir l'horizon avec plus qu'il n'en faut de verdure et de tout ce qui va avec, par exemple le ciel qui arbore sa mine de lointain et lui fait croire qu'il est ailleurs. Après ces quatre mois de captivité, ça tombe bien, Barnabé se sent une âme de touriste et s'ébaubit de tout.

Vingt kilomètres plus loin, voyant que le pépé ne quitte pas sa figure renfrognée, il vient un doute terrible à Barnabé :

– Dis pépé, il ne serait pas arrivé quelque chose à la petite Valet, des fois ?

On dirait qu'il a mis pile poil dans le rouge de la cible. Voilà que le pépé s'absorbe dans la contemplation de la ligne blanche pointillée et fait semblant de ne plus comprendre un mot de français.

« Et si elle avait été gravement malade, s'il y avait eu un incendie, un glissement de terrain, un tremblement de terre, un attentat ? S'il était arrivé quelque chose à Rosa ? »

– Dis, dis donc pépé quand même… elle n'est pas morte, hein pépé ?

Ouf ! Le pire est balayé d'un balancement de tête de l'ancêtre.

– Mais alors quoi ?

Barnabé gigote d'impatience.

– Mais dis-le, pépé, ce qui lui est arrivé ! Dis-le-moi !

Cette fois, le vieux ne peut plus tergiverser, il est même obligé de se garer sur le bas-côté, attendu que Barnabé à présent le secoue comme pour lui faire tomber les prunes et qu'il est encore plus costaud qu'avant son petit séjour à l'ombre.

– Me me-me-secou-coue-pas comme ça fiiiiiston-eeeelle-est partie !

– Partie ! Où ça ?

Il faut encore tirer les vers du nez au pépé récalcitrant qui décidément ne lâche ses informations qu'au compte-gouttes, pire qu'un agent secret qu'on torture pour lui arracher des renseignements d'importance capitale.

– À Paris. La nuit. Avec un motard. Descendue le long de la glycine, répond-il, laconique.

– Le grand Joël ?

– Non. Un autre motard qu'on ne connaît pas.

Barnabé n'en revient pas. Il s'attendait à tout. Il avait concocté toutes sortes de scénarios, imaginé ce qu'il lui dirait, ce qu'elle lui répondrait, avait envisagé cinq ou six cas de figure, mais pas celui-là. Son sang du coup lui descend jusque dans les talons et reste coincé là, à lui faire une mine de déterré.

Que Rosa soit partie, c'est un évènement qui le laisse totalement désemparé. Avant, au moins, à défaut de pouvoir la toucher, il pouvait la regarder, même de loin, être sûr qu'elle respirait à environ trois cents mètres à vol de papillon. Mais aujourd'hui c'est du passé parce qu'un inconnu l'a enlevée sur son vaillant destrier avec la complicité d'un pied de glycine.

Barnabé n'arrive pas à y croire complètement. Il veut le voir, de ses yeux voir qu'elle n'est plus là, il veut l'entendre, de la bouche même de ses géniteurs.

– Dépose-moi là, dit-il au pépé, je finirai à pied.

Il aperçoit de loin le père de Rosa qu'il avait tout d'abord confondu avec un épouvantail, à cause de son grand chapeau de paille et qui bine ses plates-bandes, l'air d'en vouloir personnellement aux herbes qui batifolent malgré la sécheresse.

– Il n'y a que ça qui pousse, saloperie de chiendent !

Tout est du chiendent qui s'arrache pour le jardinier. L'herbe aux goutteux, le liseron, le bouton d'or, le pissenlit, le laiteron maraîcher – délicieux en salade, pourtant –, la belle dame, et même l'ortie, si pleine de vitamines, les épinards du pauvre en somme, mais pas de nuance, c'est de l'empêcheur de pousser en rond, de la mauvaise graine, de l'ivraie, alors pas de quartier !

– Et han ! han ! et han !

Il se parle à lui-même, il parle à l'herbe surtout, qui n'a qu'à bien se tenir.

Il n'a pas entendu Barnabé s'approcher.

– Je peux voir Rosa ? demande ce dernier.

Alfred Valet se redresse, rougissant de s'être laissé espionner. Un petit frisson de peur vient frisotter sa paupière quand il reconnaît le jeune taulard.

– Te voilà, toi. Ils t'ont laissé sortir ?

– Quatre mois, c'est quatre mois. Je peux voir Rosa ? répète Barnabé, obstiné.

– Me parle pas de cette traînée, répond le père furibond en arrachant rageusement une poignée d'orties en fleur qu'il jette sur le tas avec les autres.

La mère de Rosa, embusquée dans l'ombre à tailler les rosiers, fait deux pas vers Barnabé en clignant des yeux parce qu'il est juste entre elle et le soleil.

– Elle n'a rien dit à personne, murmure-t-elle. Pas même à la petite Lardu. On ne l'empêchait pourtant pas de grand-chose.

Fait encore deux pas et poursuit sa confidence en sourdine :

– Elle a seulement dit qu'elle voulait faire de la télé. Pfutt... tu penses bien que son père a donné un bon coup de poing sur la table, inutile de dire. Le lendemain, elle était partie.

Vite, elle ramasse son sécateur, comme si elle regrettait de s'être épanchée, et s'éloigne, trottinante, pour que Barnabé ne voie pas son regard couler.

Voilà, il l'a sa preuve maintenant, bien avancé.

Rosa est partie. La vie n'a plus aucun sens.

Il y a quelques instants, elle était comme une boussole qui marque le nord de Rosa sans hésiter, mais le nord vient de prendre la poudre d'escampette, et l'aiguille s'affole, tremblote. Ça ne ressemble plus à rien.

La mémé a fait de la soupe au lard, bien sûr, sans se rappeler que depuis qu'il est chevalier, il n'en mange plus. La faute à ces quatre mois qui lui ont embrouillé le souvenir.

– Ça va te changer de la tambouille de là-bas, fiston.

Pas de doute.

Barnabé est tellement démoli qu'il n'a pas le courage de dire non, qu'il mange pour faire plaisir, et puis s'en va vomir derrière la grange.

Il se faisait une telle fête de ces retrouvailles.

Le décor est planté pourtant, avec ses chants insupportables d'oiseaux et son ciel qui rougeoie en vain. Mais rien n'a plus de saveur depuis que Rosa a déserté le paysage.

Au lieu de faire la vie dure aux mauvaises herbes, ses parents auraient mieux fait de la lui faire douce à elle, de la surveiller comme une plante extrêmement rare, tropicale et fragile. Parce que belle comme elle est, ce n'est pas étonnant, ce qui est arrivé. C'est même déjà inouï qu'elle ait atteint l'âge de dix-sept ans sans devenir l'héroïne d'une tragédie.

Le pépé voit bien que son petit-fils n'est pas dans son assiette. Il essaye de lui changer les idées en lui narrant ce qui s'est passé en son absence, mais il lui en a déjà tellement dit au parloir que rien n'est vraiment neuf.

Barnabé l'écoute d'une oreille distraite et de l'autre, essaye de ne pas entendre le serin dans sa cage qui chante son imbécile sérénade à sa fiancée. Un nouveau venu, on dirait. En son absence, la mémé s'est découvert une passion pour les serins. Chaque fois qu'elle va à Auxerre, elle en ramène un. Ils sont déjà huit à squatter trois cages superposées devant la fenêtre.

– Il chante bien, hein ? s'extasie la mémé.

« Pire qu'une porte qui grince », pense Barnabé, incapable de supporter une déclaration d'amour, même en V.O.

– Viens, j'ai une surprise pour toi, lui dit le pépé.

Il entraîne son petit-fils dans la pâture derrière la maison où la surprise, gambadant sur ses longues pattes café au lait, accourt, sautillante, vers cette visite vespérale.

On dirait même qu'elle reconnaît Barnabé.

– Je l'ai racheté à Lardu l'aîné. Une folie pour tout dire, et même du vrai gaspillage pour t'avouer le fond de ma pensée, mais je me suis dit que ça te ferait plaisir. Et puis c'est une femelle, précise-t-il dans un effort pour rationaliser cet achat dispendieux. Bientôt, on pourra la traire, ça joindra l'utile à l'affectueux. Les autres bien sûr, ils les ont rattrapés. Tous zigouillés, tu penses.

Slurp slurp, dit la petite vache café au lait rescapée de l'abattoir.

Il n'en faut pas davantage pour que Barnabé se mette à pleurer. Aux deux tiers à cause de sa cruelle déception de Rosa et pour le tiers restant, parce qu'il est tout émotionné d'avoir sauvé ce petit café au lait qui finalement est une petite. Il l'embrasse sur son gros museau humide, la respire, la caresse entre les oreilles.

– Je vais l'appeler… heu… Espoir, marmonne-t-il entre deux sanglots.

– C'est pas un nom ça, proteste le pépé pourtant habitué aux bizarreries de Barnabé, et encore moins un nom de vache.

– Non, mais ça lui va bien.

La petite Espoir n'en finit plus de lui suçoter les doigts comme si c'étaient des pis. Pas de doute qu'elle le prend pour sa mère, ni plus ni moins.

– Espoir, espoir… murmure Barnabé, la caressant et pleurant de plus belle.

– Oh là là ! dit l'ancêtre consterné. Moi, je vais me coucher mon gars. Tu devrais en faire autant. Tu verras, demain, ça ira mieux.

Non, demain, ça n'ira pas mieux. Il n'y a aucune raison pour que ça aille mieux demain.

Barnabé reste longtemps en conversation baveuse avec la petite Espoir. Jusqu'à ce que le soleil ait tordu les derniers rayons du jour, jusqu'à ce qu'il n'y ait plus un chouia d'humide qui dégouline de ses yeux.

Alors, il monte sans bruit ou presque, parce qu'il n'a pas pu éviter les deux marches qui craquent et qu'il avait oubliées, et il se jette sur son lit comme un naufragé sur un bout d'épave.

L'archange Michel, en face de lui, le contemple, imperturbable.

« Qu'est-ce que je vais devenir maintenant ? se demande Barnabé. À quoi bon être chevalier quand on n'a plus de Dulcinée à séduire, quand elle a offert son cœur à un autre et peut-être bien aussi, le reste ? »

Barnabé tord le cou en passant aux petits dragons du désespoir envoyés en mission spéciale dans son mental démoli par l'absence de Rosa. Et bing ! Et bang ! Quelles saletés ! Et s'endort.

Le lendemain, il fait un tour au village sur le solex, hasardant ici ou là un bref salut de la tête. C'est qu'on a vite fait de devenir un étranger ici, alors inutile de dire qu'après quatre mois à jouer les repris de justice, pas la peine d'être finaud pour se rendre compte qu'on le regarde d'un drôle d'air, se détournant après un hochement de tête pour les plus expressifs, ou rabattant le rideau sur son passage pour les plus sournois. Pas la silhouette d'un doute non plus que les commères s'en donneront à cœur joie pour clabauder, sitôt qu'il aura le dos tourné.

Mais au fond, d'être devenu le pestiféré local, ça ne lui déplaît pas. Il y a du respect dans cette peste-là, de la crainte même, respectueuse. Et ça, c'est nouveau. Il a pris du galon dans les geôles auxerroises. Il n'est plus le gros Barnabé, un sujet de rigolade pour tout le monde. D'abord il a maigri et puis un peu de poil lui a poussé au menton. Il n'est pas devenu beau, loin de là, mais maintenant il est Barnabé Bouton, ancien taulard et rebelle.

Maintenant il est le chevalier B., à jamais.

« En tout cas, plus question de jouer les justiciers dans les parages », conclut-il.

Parmi ceux qui ne se laissent pas intimider par son passé de repris de justice, il y a le Totor qui s'est empressé de l'avertir entre quatre z'yeux qu'il a intérêt à se tenir à carreau et que si par hasard il se produisait l'ombre de quelque chose de louche, il viendrait lui demander des comptes personnellement.

Barnabé pour toute réponse, l'enveloppe d'un regard patibulaire, histoire d'être à la hauteur de sa réputation, mais il n'en mène pas large. C'est un violent, le Totor.

« Il va falloir trouver autre chose, mais quoi ? »

« Slurp slurp », argumente la petite Espoir.

« Bon d'accord, elle reviendra peut-être, on ne sait pas quand, bien sûr, mais peut-être. »

En attendant, Barnabé relit sa lettre à Rosa, plus qu'une lettre en fait, presque un roman commencé en prison, quatre-vingt-dix pages déjà qu'il a noircies dans l'espoir qu'elle les lirait un jour. Mais à présent qu'elle est partie, ça rime à quoi ?

Ça lui semble vain soudain d'écraser des mots et des phrases les uns derrière les autres quand il y a les bêtes à s'occuper qui réclament son attention. La petite Espoir surtout, qui le connaît depuis toujours, enfin depuis le toujours de sa vie à elle.

Alors il n'y a pas à hésiter, le choix est vite fait. Il envoie balader papier, stylo, et reprend la voie des champs, la voie des bêtes et du blé et de Rachmaninov.

Auprès d'eux les jours s'écoulent, bleus, gris ou blancs, presque paisibles, sans toutefois l'ombre d'une Rosa à l'horizon car Paris, c'est si grand, autant dire peine perdue ou à peu près, comme une aiguille dans une botte de foin qu'on ne retrouvera jamais.

Il ne résiste quand même pas à retourner voir Muguette Valet.

– Dites, il venait d'où ce motard ?

– De Sens, je crois, répond-elle déconfite.

Elle n'est pas sûre, presque résignée à ne plus revoir Rosa, jamais, quelle drôle d'idée. Tout ça parce que son mari a décrété que c'était une fille perdue et qu'elle n'avait pas intérêt à remettre les pieds ici.

– Il dit ça parce qu'il est en colère, la console Barnabé.

Il est devenu philosophe entre ses quatre murs. Il a appris à relativiser, sauf qu'il ne peut pas se sortir Rosa de la tête, rien à faire.

Muguette Valet lui confie encore qu'elle a cru tout d'abord que la « petite » était chez sa tante à Lyon parce que tout le reste de la famille y est, et puis non.

– Bien sûr, puisqu'elle veut être actrice, c'est à Paris qu'elle est allée, forcément.

Bon, il n'a pas avancé d'un pouce, mais ça lui a fait du bien d'en parler.

– Au fait pépé, c'est pas des Parisiens, les Valet, déclare-t-il au dîner.

– Qu'est-ce que ça peut faire ? C'est du pareil au même, tu vois bien, répond l'irréfutable aïeul.

Il en faut davantage pour le démonter, il a même des arguments en réserve.

– La preuve, c'est qu'ils ont laissé partir Rosa, alors tu vois, ce n'est pas à nous que ça arriverait, des choses pareilles !

« Va savoir », pense Barnabé.

Il ne parvient pas à se vider d'elle. Il a beau essayer de se rappeler comment il faisait pour vivre avant elle, il n'y arrive pas. Et chaque fois qu'il écoute le *Concerto n° 3* dans ses maïs, Rosa pointe son minois au milieu de l'allegro. Pendant l'adagio bien sûr, elle s'installe, rien à faire, il a beau la gommer, elle revient encore et encore, inlassable, comme si elle était devenue un instrument de musique, le piano lui-même, comme si cette symphonie avait été écrite tout exprès pour elle par Rachmaninov amoureux. De guerre las, il la laisse faire. Badabam badabam.

« *Je t'attends, ma Rosa, t'attendrai jusqu'à mon dernier souffle et n'ai pas du tout besoin que tu m'aimes pour t'aimer.* »

Ses propres mots soudain lui sont révélation divine. Bien sûr qu'il n'a pas besoin d'elle pour l'aimer ! Qui peut dire ce qui sera dans un an, dans dix ans, dans vingt ans ? Qui peut dire si elle ne reviendra pas avec son sourire à ensoleiller les jours de pluie pour lui dire, ça va ?

Bien sûr qu'elle reviendra.

Comment a-t-il pu en douter ? Quand elle en aura plus que marre de se regarder dans les miroirs aux alouettes, elle rappliquera ici pour voir trembloter son reflet dans l'eau du lavoir. Elle s'est bien lassée du grand Joël, elle se lassera de celui-là aussi et de tous les autres de la même façon, suffit d'être patient.

« D'ailleurs Paris, ce n'est pas un endroit où on peut vivre bien longtemps, la preuve, tous les Parisiens viennent s'installer ici. »

Et hop ! Sans hésiter, il la reniche dans ses pensées, bien au chaud, comme une religion douce au nom de laquelle on ne tue pas, on aime seulement, en s'émerveillant que ça puisse grandir encore. Terre inconnue qui déploie son mystère, badabam badabam, ce coin-là je ne le connaissais pas, badabam, celui-là non plus, badabam, c'est peut-être rond, peut-être pas, c'est une forme qui n'a pas de nom, pas encore, parce que l'homme n'est pas encore assez homme pour la comprendre, badabam. Il n'y a plus rien à dire, rien à réfléchir, c'est tout réfléchi. Avec ou sans elle, l'avenir s'appelle Rosa.

Et Rosa, tout là-bas dans la capitale, grille sa vie, vieillit en accéléré à coups de désillusions, court court court et s'essouffle, prend des cours de théâtre, fait la queue dans les castings, se laisse séduire par des promesses un jour sur deux, se réveille avec une gueule de bois tous les quatre matins, reprend espoir et repart comme un bon petit soldat maquillé, manucuré, body-buildé. Deux années s'écoulent.

CHAPITRE IX

La petite Espoir est devenue grande. Les cornes lui ont poussé. De belles grandes cornes aiguës qu'on ne lui coupera pas comme on le fait maintenant pour empêcher que les bêtes se blessent, parce qu'il n'y a aucune raison qu'elle s'énerve si on ne lui bousille pas son espace vital. Bien sûr, comme dit le pépé, il faudrait lui trouver un fiancé si on veut qu'elle donne du lait. Mais Barnabé n'est pas pressé, il ne tient pas trop à la voir s'émanciper et pour le lait, il y a déjà les chèvres et la grosse Pâquerette. Si le vieux ne le tarabustait pas…

– Tu te rends compte de tout ce qu'elle boulotte sans rendre aucun service ?

– Mais elle est jolie, proteste Barnabé, affectueuse, et puis je n'ai pas envie d'envoyer son veau à l'abattoir et si on le lui laisse, on n'aura presque pas de lait. Alors tu vois.

– Fiston, enfin, faut bien qu'on mange.

– Mais on mange, pépé. C'est mon cadeau oui ou non ? Allez, on verra ça dans six mois.

Finalement, on n'a rien vu du tout parce que les parents de Barnabé ont soudain passé l'arme à gauche tragiquement, tous les deux d'un seul coup, et ça a suffisamment occupé le monde pour qu'on ne pense plus du tout à Espoir.

Un beau jour – façon de parler, mais c'est vrai qu'il faisait une chaleur d'enfer ce jeudi-là pour un quinze octobre – le pépé est parti chercher une pièce de rechange pour le tracteur à la casse de Sens, et pendant que Barnabé faisait pousser le maïs, ses parents ont décidé de s'atteler au nettoyage de la nouvelle cuve.

En réalité, elle n'était pas si nouvelle que ça, cette cuve. Ils venaient de la racheter à un agriculteur des Beauquins qui prenait sa retraite et la leur avait cédée quasiment pour rien. Une occasion en or, mais qu'il fallait nettoyer des résidus de pesticides qu'elle avait contenus. Pour que ça aille plus vite, les parents de Barnabé sont descendus tous les deux à l'intérieur avec de l'eau et de la lessive.

– Tu laves, moi j'essuie, a dit le père.

– On en a pour une heure, mets la soupe à chauffer, a dit la mère à la mémé.

En fait d'heure, ils en ont passé pas loin de deux à tituber dans un diabolique cocktail de vapeurs d'alphamétrine, atrazine, simazine, avec un soupçon d'alachlore. Et quand ils en sont enfin sortis, sur le coup de midi, ils avaient tous les deux viré au rouge violacé et tenaient une cuite mortelle.

– On va faire la sieste, ça ira mieux tout à l'heure, a balbutié le père chancelant.

Ils ont flageolé jusqu'au lit où ils ont commencé à se boursoufler en chœur, et quand ils se sont enfin décidés à appeler le médecin dans le milieu de l'après-midi, il était déjà trop tard. Le toubib a failli s'évanouir en arrivant dans la chambre saturée d'atrazine. Il a quand même appelé une ambulance en dépit des protestations du père qui continuait de penser qu'on faisait du bruit pour pas grand-chose, qu'il en avait vu d'autres, et qu'une bonne soupe au lard allait les remettre d'aplomb en moins de deux.

Leur petit voyage en ambulance fut tel la traversée du Styx pour les vieux amoureux, avec pour seul effet d'agrandir inutilement le trou de la sécurité sociale, car leurs cœurs avaient explosé bien avant d'arriver à Sens.

Tout était allé si vite que personne n'avait eu le temps de dire ouf.

Le pépé ne pouvait pas y croire et Barnabé demeurait pantois.

Bien sûr, ils avaient entendu parler comme tout le monde des viticulteurs bordelais qui tournent simplets à force de respirer les pesticides, mais jusqu'alors, ils se disaient que le vin y était peut-être un peu pour quelque chose. Ce triste événement leur donna la preuve que le vin n'était pas indispensable, et que les humains étaient capables d'inventer des saletés supérieurement efficaces dans le but de zigouiller tout ce qui respire, y compris eux-mêmes.

Barnabé devint donc orphelin, du jour au lendemain, sans

une minute pour s'appesantir à cause des formalités à remplir dare-dare. On enterra ses parents côte à côte, tels Héloïse et Abélard, dans le petit cimetière de la commune devant les alentours rassemblés.

La mémé, qui ne voulait pas voir ça, demeura avec ses serins à préparer la soupe comme si de rien n'était. C'était trop d'un seul coup pour qu'elle réussisse à se faire à l'idée.

Le pépé, toujours pratique, se faisait déjà un sang d'encre à se demander comment diable on allait pouvoir s'en tirer de tout ce turbin à deux au lieu de quatre, attendu que la mémé comptait pour du beurre question huile de coude depuis déjà des lustres, sauf pour la soupe et les confitures.

– On n'est plus que trois, pépé, on aura moins de besoins, le consolait Barnabé en regardant, consterné, l'énorme soupière.

– Faut manger, ça donne des forces, répétait ahurie la mémé en fixant d'un regard vide les couverts dressés pour son fils et sa bru, comme s'ils s'étaient simplement attardés.

C'est dans la suite des jours pourtant bien remplis par leur quotidien de paysans que les Bouton qui restaient se sont coltinés avec l'évidence que les deux qui étaient partis laissaient un sacré vide, et que même si les démonstrations affectives n'avaient jamais été leur fort, c'était quand même mieux avant, quand tout le monde était vivant.

Hélas, quatre semaines plus tard, comme pour ne pas faire mentir ce foutu proverbe qui prétend que jamais deux sans trois, la mémé, demeurée un peu patraque après ce coup du destin, rendait l'âme à son tour, victime d'un courant d'air. Ou de la légionellose ou de la salmonellose, ou de la grippe du poulet, enfin, d'une de ces saletés que nous avaient ramenées, c'est presque sûr, des Parisiens de retour de vacances d'un pays lointain. Ceux de la maison aux volets bleu lavande qu'on voit dès avant le premier virage en montant.

Quand ils étaient rentrés fin novembre de leur épopée asiatique, ils avaient voulu se mettre sous la dent un bon poulet qui les changerait des petits pâtés de riz trempés dans la sauce de poisson pourri.

Le pépé les regardait d'un œil morne. Il avait essayé de mousser avec son cocktail de « zines » et « chlores », en préambule de la sombre tragédie familiale, mais ça n'avait pas eu l'effet escompté. Tout juste si les Parisiens s'étaient fendus d'un furtif « condoléances » avant de poursuivre, exaltés, le récit de leur aventure façon Marco Polo visitant une contrée inexplorée. Probablement dans le but de nous changer les idées, ils n'en démordaient pas de leur exotisme peuplé de petits Chinois et de leur immense pays dont on ne pouvait pas se faire une idée mais qu'ils essayaient quand même de nous expliquer, ça vaut le coup je vous assure, fermez les yeux, je vous explique. Le pépé ne pouvait tellement pas en placer une que, du coup, écœuré, il avait rangé la bouteille après la deuxième tournée de gnôle.

– Et bon retour, hein !

Le lendemain, une fièvre de cheval s'abattait sur la mémé qui n'était déjà plus bien costaude et ne faisait pas trois plis.

Elle avait quand même tenu le coup jusqu'au dimanche où elle avait soudain déclaré qu'elle allait mieux et prendrait bien un peu de bouillon. Et là, pif paf ! Rétamée, avant même d'avoir bu le bouillon.

On a l'impression soudain d'être aux Galeries Lafayette, il se passe toujours quelque chose. Vu de loin, ça fait un peu hécatombe, ça ressemble à une épidémie de Bouton. On les regarde presque avec pitié, les rescapés n'ont qu'à bien se tenir.

Cette fois pourtant, le pépé a inexplicablement plutôt bien pris la chose, on dirait qu'il s'habitue. Il faut dire qu'il va sur ses quatre-vingts et perd de plus en plus la boule au point de ne plus se rappeler parfois où il habite. Dans ses moments de lucidité, il fait ses comptes pour l'héritage de Barnabé, car il s'est mis en tête de le marier.

– Bon, il y a la pâture des Solins, les champs du Gruault, ceux d'en Bas…

« Cause toujours », pense Barnabé en vaquant tranquillement à ses occupations.

Les calamités n'ont plus de prise sur lui et il ne lui reste plus de larmes pour pleurer.

Il essaye de s'habituer à ne plus entendre la mère crier qu'il faut rentrer les poules et la mémé qu'il s'essuie les pieds, ces petites phrases qui vous entortillent le souvenir et dont il s'efforce de se délivrer.

Finalement, avec le pépé, ils ont décidé de laisser trois champs en jachère et de se séparer des vaches, à l'exception d'Espoir.

– Qu'est-ce qu'on fait des serins, pépé ?

– Hein ?

Ils sont toujours huit, quatre dans une cage et quatre dans l'autre, à leur vriller les tympans, c'est l'occasion ou jamais. Un serin vit trois fois aussi longtemps qu'un mouton et si on ne fait rien tout de suite, ils en ont encore pour un sacré bout de temps à nous rebattre les oreilles. Et puis libérer les bestioles, c'est comme une seconde nature chez Barnabé. Alors, zou ! Dehors !

– Hop ! Allez profiter du soleil, de l'herbe, de l'air plein les poumons, et faites bien attention aux buses et aux gosses !

Mais les petits oiseaux des îles sont difficiles à convaincre de liberté. Frileux, craintifs, eux qui n'ont jamais connu que l'atmosphère tropicale de la salle commune des Bouton, s'affolent de tant d'espace. Trois petits coups d'aile et ils reviennent se pelotonner sur le rebord de la fenêtre de l'autre côté de la vitre, l'œil rivé sur leur cage comme sur un paradis perdu.

Mais Barnabé tient bon. La liberté, ça s'apprend.

Du coup, il se retrouve nez à nez avec la sienne, de liberté, à présent qu'il n'a plus qu'un grand-père qui ne dispose plus de la totalité de sa raison. Il est le seul maître à bord, pour ainsi dire, de cette immense maison dont les Bouton n'ont jamais occupé qu'un petit quart, et encore.

Alors, il décide de l'explorer.

Le pépé l'a bien emmené une ou deux fois quand il était petit, dans l'une ou l'autre de ces chambres fermées et encombrées de choses entassées. Mais il y en a encore où il n'est jamais allé et dont il ne soupçonne même pas l'existence.

– Mais pourquoi est-ce qu'on n'occupe que quatre pièces ici, alors qu'il y en a tellement ? demande-t-il au pépé, en mâchant à petites bouchées gourmandes son fromage de chèvre agrémenté de confiture de sureau.

Depuis que la mémé les a abandonnés, il n'a plus jamais été question de soupe au lard. Les deux hommes vivent comme deux célibataires et ne font d'autre effort culinaire qu'une omelette de-ci de-là, se nourrissant pour l'ordinaire de fromage, d'oignon et de fruits. La confiture a été échangée à la voisine contre un beau canard prêt à cuire de quatre kilos.

– Tellement de quoi ? Qu'est-ce que tu racontes, fiston ?

Le pépé a tout oublié.

Jusqu'au passé merveilleux de ses lointains ancêtres qui vivaient de leurs rentes et se tuaient à l'occasion en duel quand ils venaient ici passer l'été sous Napoléon II, ou III, ou bien alors Charles XVII.

Barnabé compte les pièces qui n'ont plus servi depuis cette époque reculée. Il y en a trois au premier étage en plus de celles dans lesquelles ils dorment, et six au deuxième, sans compter le grenier, et le salon devenu buanderie du rez-de-chaussée. Toutes bourrées à ne pas pouvoir y poser un pied, de portraits noircis par la poussière grasse, de vestiges de meubles déglingués qu'on n'a jamais pensé à brûler, de caisses pleines de vaisselle cassée, de lampes à pétrole, de bougeoirs, de malles où s'entassent des vieilles robes dévorées par les mites, vieux journaux, trucs invraisemblables qui ne serviront plus jamais à personne.

– C'est un palais, décrète Barnabé, qui décide de regarder la vie désormais par le petit bout de la lorgnette de son amour pour Rosa.

Et il décide de tout nettoyer. En commençant par le salon devenu buanderie, où il laisse l'armoire à linge et fiche tout le reste dehors.

« Ouste ! »

Brouette après brouette, il entasse tout ça dans un autre coin du hangar, un peu plus un peu moins, ça ne se verra pas, brûle ce qui est trop moche, met le pourri dans des sacs-poubelle. Lave à grande eau grande mousse, désinfecte, aère, fait du propre.

Il est vaste ce salon à présent, immense même. Ça lui fait venir des idées de catalogue de décoration. Il faudrait repeindre, décaper le parquet, les poutres, empêcher les vers de boulotter ce qui reste des meubles, réparer, reboucher, cirer, récupérer la vaisselle pas trop cassée, en racheter de la belle, des fois que Rosa repasserait par là et qu'il puisse lui dire mine de rien, regarde.

Attendre qu'elle revienne, c'est bien, s'occuper en attendant, c'est mieux. Alors Barnabé va faire une cuisine dans le débarras du fond et une salle de bains au premier étage, une vraie, avec une baignoire. Il s'enthousiasme pour son œuvre, décide de tout faire de ses mains, c'est moins cher et comme ça, toutes les choses amoncelées sous le hangar serviront enfin à quelque chose. Il va faire une véranda avec des plantes vertes et une grande cheminée en pierre. Il va installer le chauffage dans toutes les pièces avec des tuyaux qui passent partout et une chaudière à bois. Il va faire une chambre et un bureau, et puis une autre chambre plus petite pour un mignard, au cas où. Il va faire une maison à faire envie à n'importe qui et qu'on pourra même photographier tellement elle sera belle.

Et si Rosa décide de revenir, de repasser par là, il lui fera visiter mine de rien, regarde.

Sitôt dit, sitôt fait. Ou presque.

Après tout, c'est une belle mission pour un chevalier au chômage.

Et voilà Barnabé qui bricole bricole. Le voilà embringué dans son projet de cathédrale pour Rosa, dédié à Rosa si par hasard elle repassait par là, au cas où, sainte Rosa.

Tous les soirs, en rentrant des champs, il repeint les murs, creuse des tranchées, installe des conduites, répare, construit, maçonne, une baignoire immense avec des petits bouts de vaisselle cassée qui font une mosaïque sublime. On la dirait sortie d'un palais oriental.

– Qu'est-ce que tu fabriques fiston ? s'enquiert le pépé attiré par le bruit, qui a traîné ses bottes jusqu'au salon, puis à la salle de bains du premier étage.

– Saperlipopette ! s'exclame-t-il époustouflé.

Barnabé rougit.

Huiiiiiit huiiiiiit ! Ces idiots de serins viennent de rentrer par la fenêtre ouverte et volettent dans la pièce en se cognant sur les murs, infoutus d'apprendre la liberté même au bout de trois semaines de grand air forcé.

« Encore un petit effort, allons, ce n'est pas si terrible que ça. »

Ça avance vite, ça avance bien. Le salon est bleu comme un ciel d'été avec des arbres peints sur le mur du fond et un soleil entre leurs branches pour que ce soit toujours gai. La salle à manger exhibe ses colonnes torsadées et ses portes sculptées de griffons en chêne clair, décapées et cirées de frais sous un lustre alourdi de verroteries qui rutile, même quand il est éteint. La salle de bains s'embellit d'un lavabo en mosaïque assorti à la baignoire.

Mis à part celle du pépé pour ne pas le dépayser, toutes les autres chambres ont été refaites, jusqu'à celle du loupiot qui n'existe pas encore, bleue, avec des petits nuages roses et le plafond couleur de nuit constellé d'étoiles. Barnabé a peint la Grande Ourse, Orion, le Cygne et l'étoile du Berger, pour qu'il apprenne à les reconnaître même quand le temps sera couvert.

Sa chambre à lui ressemble à un sous-bois, moquette vert mousse et voûte bleutée entre les cimes, l'archange Michel terrasse toujours le dragon devant son lit, mais un gros cadre doré inspirant le respect souligne désormais sa bravoure.

Barnabé accorde un soin tout particulier à la chambre de Rosa, sanctuaire, blanc tabernacle ponctué de mauve. Il fabrique un lit à baldaquin frangé de dentelle, accroche des faux myosotis d'ancienne mariée tout autour, suspend des miroirs, grands, petits, tous ceux qu'il trouve, ronds ou rectangulaires, afin que Rosa puisse se voir sous toutes les coutures, ça en vaut la peine.

« Une bonne chose de faite », se dit-il.

La pièce où vivaient les Bouton du vivant de tout le monde demeure telle qu'elle a toujours été. Avec sa cuisinière qui ronflote, ses cages de serins vides et ses rangées de télés empilées aux écrans vides aussi. Barnabé n'a pas encore osé y toucher pour ménager le pépé.

Il a beau être compréhensif le pépé, il est comme tous les vieux pour qui « Ça a toujours été comme ça et il n'y a pas de raison que ça change ». La nappe à carreaux en plastique recouvre toujours la table en formica imputrescible assortie au buffet, qui date du temps où un futé brocanteur avait proposé de leur échanger le buffet en chêne qu'il fallait cirer contre un meuble plus moderne, pratique et pimpant.

– C'est du solide ! Un coup d'éponge et hop, vous allez voir.

Ils avaient vu.

On ne l'avait heureusement pas laissé faire le tour du propriétaire et ses bons services s'étaient limités à la seule pièce où on l'avait autorisé à mettre les pieds.

– C'est quand même plus gai, avait opiné la mémé satisfaite, en contemplant le vert acidulé de la table et des chaises aux pieds inoxydables, assorties au buffet que le rusé bonhomme venait de leur fourguer en échange de leurs « vieilleries » avec trois bons coups de gnôle en prime.

Barnabé y songe en sourdine, prépare doucettement le

terrain. La cuisinière à bois pourrait bien prendre sa retraite cet hiver. Il projette même de faire passer un tuyau dans l'étable pour qu'Espoir en profite.

C'est une belle grande génisse vigoureuse à présent et maligne, à laquelle il faudrait bien trouver un fiancé, histoire qu'elle sache au moins de quoi il retourne. D'autant que le pépé ne se mêlant plus de grand-chose, Barnabé ne devrait pas avoir trop de mal à lui laisser son veau si la romance portait ses fruits.

« Je vais attendre le printemps, c'est mieux », pense-t-il.

En réalité, il ne se résout pas encore à fiancer sa vache, lui qui est encore puceau.

Il n'a pas envie d'y penser, à comment elle caracole, follette, quand d'autres vaches passent devant sa pâture, lui qui n'a jamais cessé d'être célibataire au point de se faire désormais souvent la conversation à lui-même.

« Comme les vieux », rigole-t-il.

Le pépé ne se fait pas à l'idée de ce petit-fils qui traverse l'existence en compagnie de sa vache et de son maïs, et voue un culte hors de propos à une qui se fiche pas mal qu'il puisse être ou ne pas être et dont on n'a pas vu le bout du nez depuis des années.

– Fiston, dis-moi, tu es normal ? Hein ? Tu comprends ce que je veux dire ? De ce côté-là, précise-t-il en se frappant le bas-ventre, ça fonctionne normalement ?

– Oui, pépé.

Alors le vieux hausse les épaules ou lève les yeux au ciel.

– Tu n'es qu'un sauvage, fiston, lui dit-il.

– Oui, pépé, répond Barnabé, extasié.

Il répond toujours « oui pépé » pour lui faire plaisir et s'en va traire les chèvres ou bien retourner le champ du Bas ou bien faire pousser la luzerne sur la colline de La Fresnaie avec Rachmaninov. Dans son univers idéal, tout coïncide parfaitement, tout est signe, promesse, bonheur ineffable, car Dieu se cache derrière chaque brin d'herbe et Barnabé est blotti à l'intérieur de Lui. Il sait que rien ne peut lui arriver, que la vie.

Le soir, il monte sur la colline pour assister au moment magique où le soleil épouse la terre et courbe ses lueurs vers l'orange en lui murmurant son secret. C'est un secret qui n'est pas fait de mots bien sûr, et Barnabé serait incapable de le répéter. Pourtant il est entré en lui. Pour cette raison sans doute, il inspire désormais ce mélange de respect et de crainte qui tient l'humanité à distance.

Et pendant ce temps-là, ignorante de ce qui se trame et pour tout dire, s'en foutant comme de l'an soixante-huit, Rosa là-bas dans la capitale, grille sa vie, court court court et s'essouffle, prend des cours de théâtre, fait la queue dans les castings, se laisse séduire par des promesses un jour sur deux, se réveille avec une gueule de bois tous les quatre matins, reprend espoir et repart comme un bon petit soldat maquillé, manucuré, body-buildé.

CHAPITRE X

La colline s'installe doucement dans l'été indien qui prolonge ses verts bien mûrs veinés d'or.

Un troupeau de cumulus est venu encombrer l'ouest, mais la pluie n'est pas encore pour demain car le rouge-gorge a chanté ce matin et l'érigone a tapissé l'herbe d'arabesques compliquées poudrées de rosée.

Depuis qu'il est sorti de prison, Barnabé n'a plus regardé la télévision. Il l'a trop regardée avant et pendant. Assez pour se rendre compte que quoi qu'elle débagoule, ça n'a jamais rien changé dans sa vie d'être au courant, à part son enthousiasme, alors stop.

Le pépé lui-même oublie souvent de l'allumer, ou bien écoute un mot par-ci par-là, regarde une image par-ci par-là aussi, qu'il commente ensuite pendant des heures.

En ce jour fatidique pourtant, trois télés sont allumées sur trois chaînes différentes, dont deux en sourdine et il y a une bonne raison. C'est que les serins se sont tous fait boulotter par les buses ou les chats ou les chouettes, sauf un qui a rappliqué dare-dare, profitant de la fenêtre ouverte et zou ! s'est précipité dans sa cage.

Depuis, blotti au fond de sa prison ancestrale, le pauvret refuse de mettre le bout du bec dehors en dépit de la porte grande ouverte et sa petite mine jaunasse déprimée a fini par apitoyer le pépé.

– Ça lui fera peut-être du bien de regarder la télé, s'est-il dit, ça lui rappellera le bon vieux temps.

Et de fait, aussi incroyable que cela paraisse, la bestiole a l'air de se requinquer. Elle s'est même mise à siffler comme s'il y avait de quoi, fixant de son œil rond les calamités quotidiennes du journal télévisé.

Barnabé hausse les épaules et s'assied.

« Vaut mieux voir ça que d'être bigleux. »

Il jette malgré lui de temps à autre un regard désabusé à la grande messe du soir, comme l'appelle l'instituteur, qu'on regarde toujours à l'heure du repas comme si elle ne contenait pas tout ce qu'il faut pour vous couper définitivement l'appétit.

Il laisse s'enfuir les images obscènes de la guerre qu'on dirait tout droit sorties d'un film hollywoodien, avec des résidus d'humains déchiquetés et sanglants qu'on ne vous montre pas, promet le présentateur, mais juste un peu quand même.

« C'est la face sombre de la force », pense Barnabé.

Ça continue comme ça pendant trois bons quarts

d'heure et ça finit quand même par s'arrêter, le temps de souffler un peu en mangeant une tartine à la confiture de coings de la voisine pendant que la pub nous explique le bonheur, mode d'emploi.

Le pépé, lassé, baisse le son et remonte celui de l'écran du haut, juste à côté du four à micro-ondes qui n'émet plus d'ondes mais sert à ranger le pain. Sur celui-là, ils sont à la recherche d'une nouvelle star parmi une douzaine de filles et de garçons qui veulent tous devenir chanteur ou danseur, ou les deux, qui veulent surtout et principalement que les projecteurs soient braqués sur eux en permanence pour leur tenir chaud et croient dur comme fer que la vraie vie c'est ça, pas de doute, et que la fausse, celle du quotidien morne de leurs parents, pas question.

Ça fait se bidonner le pépé, c'est déjà ça. Il se tape sur les cuisses même, tellement il s'amuse. Le serin pendant ce temps-là s'époumone joyeusement, à s'en bousiller les cordes vocales, au point qu'on n'entend plus ce que les futures nouvelles stars chantent. On les voit juste se démener sur les paroles du serin, pas en mesure, mais faut avouer que ce n'est pas facile de danser sur du serin.

Et soudain, Barnabé qui ne regardait plus la télé que comme une petite lumière qui clignote, écarquille les yeux. Le pépé ne tarde pas à en faire autant, confirmant ses soupçons.

– On dirait la petite Valet, dit-il en mâchouillant sa roulée jaunie dans le coin de ses lèvres.

Oui. On dirait Rosa.

Tellement maquillée et pailletée que méconnaissable au premier abord, mais évidemment, en regardant mieux... Barnabé donne un coup sur la cage pour faire taire le serin et écouter cette espèce de Rosa qui se tortille avec un décolleté diabolique au son d'une musique qui donnerait des cauchemars à Rachmaninov.

Oui. On dirait Rosa.

Barnabé en a des sueurs froides, cherche encore dans les traits de son visage ce qui pourrait la disculper, le rassurer que non ce n'est pas elle, mais ne trouve pas, tellement il la connaît par cœur, à part le décolleté bien sûr, il voit bien que c'est elle, recouverte d'une épaisse couche rose et bleu.

« Je veux faire de la télé », avait-elle dit.

C'était donc là qu'elle voulait en venir ? Et le type à la moto alors, c'est ce petit blond aux racines brunes qui fait semblant de jouer de la guitare, ou ce maigrelet fadasse aux cheveux hérissés de gel qui chante en riboulant des yeux que *de toutes les matières, c'est la guimauve qu'il préfère* ? Qu'est-ce qu'elle va devenir après qu'ils l'auront éjectée de cette loterie, elle qui croit qu'elle est une star, que c'est toujours le meilleur qui gagne et que le meilleur, c'est elle ?

Oui. Pas de doute, c'est Rosa.

Fini la tranquillité.

Aimer Rosa sans savoir ce qu'elle faisait, c'était bien plus facile que l'aimer en la voyant se trémousser devant des millions de gens qui la regardent comme si elle était leur Rosa à eux, qui en rêvent même la nuit peut-être, va savoir.

Le pépé essaye de le consoler :

– Pauvre gamine. La beauté, fiston, tu comprends, c'est un problème. Parce que quand on est beau, on a envie de le rester. C'est donc une source d'emmerdements inépuisable, crois-moi, il vaut mieux être comme nous, ni beau ni laid. On est bien plus tranquilles.

N'empêche que Rosa est partie avec un autre. Bon, d'accord, ce n'était peut-être pas à cause de sa beauté, après tout. Barnabé fait un effort pour s'en convaincre, que c'était à cause d'autre chose, qu'il n'a pas non plus il faut croire, mais quoi ? Il aimerait bien le savoir.

Le pépé regrette d'avoir fait de la peine à Barnabé en voulant consoler le serin. S'il n'avait pas allumé la télé, ça ne serait pas arrivé. Alors il veut le convaincre d'aller faire un tour, pour se changer les idées.

– Va te balader fiston, c'est de ton âge, va draguer un peu. Où veux-tu trouver une femme si tu ne la cherches pas, elle ne va pas tomber du ciel, qu'est-ce que tu crois ? Va au cinéma à Saint-Ju, peut-être que tu rencontreras une fille là-bas. La petite Lardu y va des fois. Elle n'est pas si mal tu sais. Elle a juste besoin qu'on lui explique un peu la vie.

Le pépé a toujours eu sur les femmes des idées d'homme des cavernes et d'ailleurs Barnabé s'en fout de la petite Lardu, mais il est content de faire plaisir au pépé. Alors, le cinéma, pourquoi pas ? Va pour Saint-Julien, Saint-Ju, comme disent les gens d'ici.

C'est une toute petite ville où il y a juste une salle de

cinéma et encore, on n'y projette qu'un film par semaine, le samedi. Le seul luxe qu'on puisse se permettre, c'est de choisir sa séance. Il y en a deux.

Barnabé arrive à la mi-temps. La salle est presque pleine et bourdonne et grésille et froufroute et médit et se lèche les babines. Et bla et bla et bla bla bla. C'est carabistouilles et compagnie, comme à la sortie de la messe du dimanche, sauf que plus personne ne va à la messe le dimanche.

– Sans blague, tu ne connais pas la dernière, Machine s'est mise avec Truc, si si…

– L'aja a fait trois zéro contre le péessegé…

– Le vieux Pichaud avait tellement bu de gnôle qu'il a pris la nationale à contre sens avec la moissebatte, sur la tête de ma grand-mère ! T'étais pas au courant ?

Il était temps, la lumière s'éteint presque aussitôt.

Une jolie musique et le charmant minois de l'héroïne viennent saisir Barnabé dans son petit marasme et lui remettent les pensées dans l'ordre, le bon ordre, l'ordre d'amour. Parce qu'il fallait bien s'y attendre, tous les films lui parlent d'amour, donc de Rosa.

Tiens, l'héroïne par exemple, eh bien c'est Rosa, sauf que Rosa est plus belle évidemment, Rosa est plus belle que tout. À se demander comment Dieu a eu l'idée de la fabriquer, un coup de génie pas de doute dont il n'a pas dû se remettre, parce que pour faire mieux, va falloir qu'il se torture drôlement les méninges. Rosa, elle a des lèvres comme des petites limaces roses qui n'existent pas, des yeux qui vous passent à travers et font trois fois le tour avant qu'on ait eu le temps de dire ouf et des jambes comme on n'ose pas en rêver avec au bout, des pieds si gracieux qu'ils danseraient le lac des cygnes, mine de rien, sans que personne s'en aperçoive. À l'exception de Barnabé bien sûr. Sans parler de ses seins qu'il vient tout juste de découvrir à la télé, rien que d'y penser, ça lui fait des gouzi-gouzi partout. La vérité, c'est que Rosa est tellement belle qu'elle en offusque le soleil, les étoiles, le jour, la nuit, tout.

« L'héroïne n'est pas mal non plus dans son genre, mais à côté de Rosa, évidemment… »

Il n'empêche que Barnabé aimerait bien que Rosa soit amoureuse de lui tout pareil et qu'elle le cherche partout et qu'elle lui fasse une petite course au trésor pour lui montrer qu'elle l'aime. Et puis qu'elle soit un peu timide et puis peut-être aussi, un peu moins belle.

Non, pas moins belle.

Barnabé s'emmêle les sentiments comme l'héroïne qui se débrouille très bien quand il s'agit de la vie des autres mais qui, quand il s'agit du sien de bonheur à elle, n'y arrive pas tellement. La preuve, elle a donné rendez-vous à son amoureux dans le café où elle travaille, mais il ne l'a jamais vue et quand il lui demande si c'est elle qu'il attend, elle dit non et se ratatine en petite flaque d'eau. Pas comme Rosa.

Rosa, elle, n'a peur de rien. Elle va au bout de tout. La preuve, il ne lui a pas fallu longtemps pour suivre son inconnu au bout du monde, enfin, de ce monde-ci, à lui

Barnabé, qui s'arrête à Sens pour ainsi dire. Il perd un peu le fil, retrouve l'héroïne affolée derrière sa porte avec son amoureux de l'autre côté. Enfin, ça y est, ils se sont trouvés, ils s'en vont tous les deux main dans la main. Elle lui plaît beaucoup cette fin à Barnabé, même s'il sait que c'est à la fin des films que la vraie vie commence. Et justement, c'est fini.

La salle se vide. Reste plus que lui, Barnabé, venu ici pour ne plus penser à Rosa et qui n'a pas cessé un instant de penser à elle.

Après tout, ce n'est peut-être pas si grand, Paris. Il ne doit pas y en avoir quarante-six mille, de studios où on tourne « les nouvelles stars ».

Quand il range son Solex sous le hangar vingt minutes plus tard, sa décision est prise.

Et pas plus tard que le lendemain, sous un ciel pétaradant d'étoiles, le cœur de Barnabé zigzague à l'unisson en s'engageant sur la petite route qui sillonne jusqu'à la nationale six.

Le moteur de la Simca, bichonné par ses soins, tourne rond, ronronne même, un rêve de moteur sur un rêve de route dans un rêve de nuit et ron et ron petit patapon ! Il part de nuit pour arriver plus vite et aussi parce que ça lui rappelle le bon temps des missions secrètes du chevalier B.

Il a eu quelques scrupules à abandonner le pépé qui oublie de manger parfois et qui est devenu si frêle que le moindre souffle du vent le détourne de sa trajectoire. Wouf, un petit coup par-ci, et wouf, un petit coup par-là, au point qu'on a l'impression souvent que c'est ce doux zéphyr qui le tient debout.

Barnabé a demandé à la voisine, celle aux confitures, de venir lui faire une petite visite de temps en temps avec un petit reste de quelque chose, comme ça, mine de rien.

– Je ne serai pas long. Trois jours même pas et je reviens.

Il faut bien l'avouer que ça l'exalte ce voyage, ça l'émoustille même. Et tant pis si le pépé dit que ça n'a aucun sens et le traite de fou.

– On n'a pas idée vraiment, un beau gars comme toi...

« Faut pas exagérer quand même. »

Barnabé le sait bien qu'il n'est pas beau, mais c'est réglé depuis le temps. Il s'est habitué à sa physionomie qui ne l'empêche pas de grand-chose finalement, à part pour l'instant d'être aimé de Rosa.

– ... avec du bien, par-dessus le marché, si on compte les prés de la Coudre, la pâture de la Hâte, les champs des Beauquins et ceux d'en Bas...

« Cause toujours pépé, je t'aime bien mais côté cœur, t'es loin d'être un spécialiste et d'ailleurs même les spécialistes, c'est en dehors de leur spécialité, Rosa. »

Il veut en avoir le cœur net, il veut la voir, Rosa, de ses yeux voir, pour être sûr qu'elle est heureuse, que tout va bien, qu'elle a ce qu'elle veut, exactement. Parce que après tout, ça ne doit pas être si facile de ne plus voir ses parents quand on a dix-sept ans, et même plutôt dix-huit il est vrai, et pas mal de pouces maintenant, mais tout de même, se débrouiller toute seule dans une capitale où les dangers rôdent.

Tout est neuf aujourd'hui jusqu'à l'air qu'il respire.

Il a jeté un blouson et une brosse à dents dans la vieille Simca et en route !

À présent, le tarmacadam défile sous les roues, tranquille comme une mer d'huile qu'une chouette survole avec son ventre blanc. Barnabé est seul sur la route noire dans la nuit noire ébouriffée d'étoiles et il y en a une qui file tout droit comme pour lui indiquer le chemin ou lui porter bonheur.

Il laisse le passé derrière lui, s'enfonce dans l'avenir, pas trop vite, essaye de happer quelques petits bouts de présent au passage. Ça s'engloutit, hop, à mesure qu'il roule. Il aimerait bien le faire durer un peu, ce grisant voyage décidé à la hâte et lourd de promesses.

Mais non, il ne dure pas. La Simca a beau ne pas être un bolide, ce n'était pas si loin Paris, tout compte fait, enfin la grande banlieue en tout cas. Pour l'instant, Fontainebleau.

On s'en aperçoit tout de suite parce que le paysage se défigure à mesure pour ressembler aux abords de Sens, aux abords d'Auxerre, aux abords de Troyes, aux abords de toutes les villes, mais en plus interminable. La route est jalonnée de panneaux publicitaires, petits, moyens, énormes, pneumatiques inusables, meubles à prix discount, je ne sais plus quoi cent pour cent magique, destockage massif, choisissez vite, choisissez bien. Un résidu de nuit avale l'une après l'autre ces injonctions de consommation et relègue au néant leur absurdité moche qui défigure la banlieue de la banlieue. Melun.

Heureusement que c'est écrit sur un panneau parce que depuis longtemps tout se ressemble et s'assemble. Constructions de parpaings ou de tôle ou de préfabriqué, grandes surfaces, garages, usines, pavillons tous pareils à ne plus savoir où on est, et à ne plus se demander si les gens qui vivent là deviennent fous ou méchants, ou les deux.

Et puis de-ci de-là des graffitis, c'est presque mieux. « Où va le monde ? » demande l'un d'eux, on se le demande, mais une chose est certaine, Rosa est au bout. Créteil.

La Simca fatigue un peu, normal, c'est une vieille dame. Barnabé ralentit pour la ménager.

D'ailleurs, il faut sans arrêt faire des choix, depuis un moment, et il a eu beau repérer son chemin sur une vieille carte Michelin avant de partir, il est parfois perplexe en lisant sur les panneaux des noms qui n'étaient pas indiqués, en découvrant des routes que la carte ignorait, comme si les Ponts et Chaussées avaient œuvré trop vite pour elle.

Comment s'y retrouver dans ce béton barbouillé d'arguments publicitaires ?

Et voilà, il s'est trompé.

Bon, ce n'est pas grave, tous les chemins mènent à Paris, c'est bien connu. Le périphérique est bouché, normal quoi, et la Simca à présent renâcle comme un vieux cheval fatigué. Barnabé l'encourage, lui flatte le tableau de bord d'une petite tape amicale.

« Courage, on y est presque. Ne m'abandonne pas, c'est encore trop loin à pied. »

Bercy : vingt minutes. Barnabé roule à trente, quarante kilomètres par heure, au mieux. C'est un vrai concert de klaxons derrière lui dans cette aube grisaillante chargée de banlieusards qui s'en vont travailler à Paris pendant que les Parisiens s'en vont travailler en banlieue, dirait-on. Certains montrent le poing en le dépassant.

« Pas que ça à faire, ont-ils l'air de dire, je me promène pas, moi, je travaille ! »

C'est vrai qu'elle se traîne, la pauvrette, comme si elle allait rendre son dernier soupir. Arrivée porte de Charenton, elle s'arrête même tout à fait. Barnabé doit descendre pour la pousser sur le bas-côté. Après auscultation, il se rend compte que la panne est hors de ses compétences. Pas faute d'en connaître un rayon pourtant, il est allé à la bonne école avec le pépé qui lui a passé le don de la bricole, mais là, rien. Il sèche complètement.

« Après tout, peut-être qu'elle est juste fatiguée, suffit de la laisser roupiller un peu », se dit-il, décidé à voir le bon côté de la situation.

Le problème, c'est qu'il va lui falloir des heures pour refroidir, et si près du but, Barnabé n'a pas envie d'attendre qu'elle se requinque.

« On va voir ce qu'on va voir ! décide-t-il. Il ne sera pas

dit que le chevalier B. est incapable de se débrouiller dans Paris. Tôt ou tard, faudra bien y passer, et puis, ça ne doit pas être bien sorcier de prendre le métro, puisque les Parisiens y arrivent. »

Armé de son blouson et de sa brosse à dents, il demande à une passante où se trouve la bouche de métro la plus proche :

– C'est tout droit, faites cinq cents mètres, puis tournez à gauche.

Barnabé remercie la vieille dame au caniche rose, qui a d'abord cru qu'il voulait lui voler son porte-monnaie. Tout de même, en principe, ça ne se lève pas si tôt, un voyou.

Tout heureuse de s'en tirer à bon compte, elle l'a renseigné avec un sourire. Il n'a plus qu'à s'engouffrer dans les entrailles de la ville.

« Je suis à Paris », se dit-il émoustillé.

CHAPITRE XI

Il s'agit maintenant de trouver le studio des nouvelles stars, mais bien sûr, il n'a pas la moindre idée de l'endroit où il peut être. C'est un détail qu'il s'est promis de régler en arrivant dans la capitale où tout le monde doit être au courant, pensait-il un peu naïvement. Mais l'employé de la RATP qui lui a vendu son billet le dévisage comme s'il débarquait de la galaxie Andromède.

– Je ne suis pas une agence de renseignements, geint-il, peu amène. M'en fous, moi, des nouvelles stars.

Barnabé continue ses investigations, mais tout le monde est pressé ou croit qu'il fait la manche, et ceux qui acceptent de l'écouter le prennent pour un farceur et s'en vont en rigolant après avoir cherché la caméra cachée. Comment faire ?

Patience et longueur de temps, comme dans la fable, finissent par porter leurs fruits. L'employé de la RATP, qui en a marre de le voir stationner devant sa guérite, lui fait signe d'approcher.

– Ce n'est pas une plaisanterie ? Vous cherchez vraiment le studio des nouvelles stars ?

Barnabé commence à croire que ce que dit le pépé est vrai finalement, que les Parisiens sont des gens bizarres et craintifs qui s'imaginent toujours, quand on leur pose une question, qu'on va les agresser ou leur demander de l'argent.

– Parce que dans ces conditions, j'ai dans l'idée que ça pourrait bien se trouver à Boulogne.

Pouvait pas le dire plus tôt ?

– Boulogne-sur-Mer ?

Le fonctionnaire, désormais convaincu d'avoir affaire à un simple d'esprit, le prend soudain en pitié et s'adresse à lui comme on le fait instinctivement face à un fragile, un candide, une victime de naissance :

– Mais non voyons, Boulogne-Billancourt.

– Ah.

Enfin bon, merci quand même. Le fonctionnaire, emporté par un élan didactique, lui explique même, tant qu'il y est, le chemin à prendre.

« Voyons, je récapitule : Charles-de-Gaulle-Étoile, changer à Daumesnil, puis rechanger à La Motte-Picquet. »

Ça sent mauvais ici, pas le genre d'endroit où on a envie de s'attarder c'est sûr, à part quelques clochards qui dorment sur des cartons au bout du quai et que tout le monde fait semblant de ne pas voir. La Motte-Picquet.

Direction Pont-de-Sèvres jusqu'à la Porte-de-Saint-Cloud et puis marche. Barnabé est soulagé de revoir le ciel au-dessus de sa tête, à défaut d'air pur.

Au pied du béton coule la Seine, impassible, polluée mais calme, mais douce, survolée par les nouvelles générations de mouettes qui n'ont jamais vu la mer, ont entendu dire qu'elle existe, mais ne l'ont jamais rencontrée. Paris occupe tout l'horizon avec la tour Eiffel pour de vrai et il doit bien avouer que c'est beau. De l'autre côté du pont en revanche, c'est béton et compagnie à perte de vue et le béton, quand il y en a si haut, ça impressionne.

Ce n'est pourtant pas le moment de se laisser impressionner si près du but.

Il demande encore son chemin à un passant, se dirige sur ses indications vers l'attroupement qui noircit l'esplanade, et fend la foule qui proteste.

– Non mais, pour qui il se prend çui-là ? Tu te crois où ?

– On était là avant ! La queue, comme tout le monde.

– D'où il sort ? commente à sa copine une ronchonneuse de dix-huit ans qui fait à peu près le poids de Barnabé du temps de la soupe au lard.

« Les mêmes que ce matin en plus jeunes », se dit Barnabé.

Ça doit être tout ce béton, tous ces boyaux malodorants du métro, ça doit être cette absence divine caractérisée qui les rend nerveux. Il se rend compte que Rosa vit ça au quotidien, et n'a bientôt plus qu'une idée, vite, la retrouver, l'arracher à l'enfer. Il a bien fait de venir.

– Ils vont sortir quand ? demande-t-il à un jeune type blond qui a l'air un peu plus tendre que les autres.

– C'est pour bientôt, répond le type. Une demi-heure, peut-être un peu plus.

– Ouf ! Il était temps alors.

Il n'empêche que c'est long une demi-heure quand on est si près du but. Barnabé essaye de s'approcher un peu mine de rien, mais se fait aussitôt refouler à coups de coude et de « dégage, j'étais là avant, faut arriver plus tôt mec, pour qui tu te prends sans blague ».

Bon. Prend son mal en patience. Elle va être surprise, Rosa, pas de doute. Et si elle allait ne pas le reconnaître ? Ça lui est venu à l'idée d'un seul coup. C'est vrai qu'il a maigri, ça le change, et puis Rosa ne l'a pas vu depuis si longtemps, comment pourrait-elle s'imaginer que Barnabé est venu de si loin pour la voir ?

Ça y est, voilà que ça remue là-bas, que ça gigote, que ça crie, plutôt hystérique, voilà que la porte s'entrouvre, hésite, s'ouvre tout à fait et que les bras se tendent et que les décibels s'en vont crever les nuages.

Ça y est, elles sortent, les futures stars. Deux par deux ou par trois, se tenant par la taille ou les épaules et se séparant sitôt atteinte la foule qui les acclame, pour tomber dans d'autres bras, amis ou fraternels. Les fans aussi tentent leur chance.

– J'espère que tu vas gagner Frankie, t'es la meilleure !

– Tiens bon, Arthur, tu les auras !

Et Rosa ?

Barnabé reconnaît le maigrelet fadasse aux cheveux hérissés de gel qui préfère la guimauve à toute autre matière. On dirait qu'ils sortent au compte-gouttes maintenant, ils ne vont tout de même pas la garder ! Non, c'est elle enfin qui s'avance, précédée du petit blond aux racines brunes qui faisait semblant de jouer de la guitare. Le sang de Barnabé fait trois quatre tours vitesse grand V, mais ce n'est pas le moment de flancher. Il se fraye un passage, au flan.

Il y en a qui râlent, mais quand ils s'aperçoivent de son gabarit, changent d'avis, se recroquevillent, changent leur plainte en murmure :

« Je disais ça… »

Le gringalet teint en blond vient à son tour d'être happé par trois filles enfiévrées qui le pétrissent et l'engluent de leurs incantations :

– Steve, Steve ! C'est toi qui mérites de gagner, tu as été divin, aaah Stevie…

Stevie savoure, et Rosa se retrouve seule, désemparée, balaye la foule du regard, n'y trouve rien à quoi se raccrocher, hormis quelques admirateurs.

– Rosa, Rosa ! Moi je voulais que tu gagnes !

– C'est injuste, c'est truqué ! Tu es la plus belle, Rosa !

– Elle s'est fait sortir, commente pour Barnabé le type blond gentil qui a profité de sa carrure pour le suivre et se trouve encore derrière lui.

C'est pour ça qu'elle pleure. Elle doit être abominablement triste. Dans sa poitrine, Barnabé sent se requinquer son cœur de chevalier. Il doit la sauver.

Le visage défait, Rosa retient bravement ses larmes de vaincue tandis que la vague grossit, menace de l'engloutir, tandis que les journalistes brandissent des micros :

– Quel effet ça fait d'être virée ? Vous vous y attendiez ? Pas trop déçue ? Vous avez des projets ?

Les imbéciles.

– Fichez-lui la paix ! hurle Barnabé.

Il continue sa progression, indifférent aux protestations violentes.

– Rosa ! C'est moi, c'est Barnabé, tu me reconnais ? crie-t-il encore.

Non, elle n'a rien entendu, qu'importe, il réitère. Elle finit par entendre, n'en croit sans doute ni ses yeux ni ses oreilles, quand elle aperçoit ce grand type gesticulant dans la foule. Même qu'elle plisse les yeux pour le reconnaître, rassemble ses souvenirs lointains d'un gros garçon un peu bêta pour ne pas dire carrément idiot, qui se mourait d'amour pour elle là-bas, dans une autre vie, au point de faire des folies, au point de faire de la prison. Il y a si longtemps.

– C'est moi, Rosa ! C'est Barnabé !

– Ça va, elle n'est pas sourde, dit quelqu'un.

Rosa cherche un moyen d'échapper à cette foule ennemie, se décide à fendre son flot vers Barnabé comme vers une bouée de sauvetage, comme si elle voulait revenir en arrière avant que la catastrophe se produise. Reprenons. La foule revêtant son habit de destin les jette l'un contre l'autre et ça y est, elle est là, dans les bras de Barnabé qui n'en croit pas son cœur. Bien sûr, il avait imaginé comment les choses se passeraient, il avait fait son petit cinéma, il avait même failli griller un feu à cause de ça, mais il manquait le décor, il manquait les cris, il manquait les odeurs, les couleurs, il manquait tout.

Et voilà que ça y est, que ça le bouscule, que ça l'émeut. Voilà que le monde soudain le regarde avec envie. C'était donc vrai ce qu'il disait ce gros plouc, qu'il la connaît ?

Un journaliste vient planter son micro devant lui :

– Vous êtes son frère ? Un ami ? Vous l'emmenez où ?

– Ne réponds pas, chuchote Rosa.

Barnabé obéit, ne demande pas mieux que d'obéir à ce doux chuchotement. Il est désormais le garde du corps de Rosa, il va la sauver comme un vrai chevalier, hop ! il la soulève par la taille, l'arrache à la foule gluante, il est héroïque.

– Viens, dit-elle, on prend un taxi.

Ils s'engouffrent dans une Mercedes gris métallisé.

« On se croirait dans un film », jubile-t-il.

Paris défile derrière les klaxons et les pare-chocs. Un rayon de soleil vient percer les nuages et la ville se pare, exhibe ses ors et ses monuments de carte postale. La Seine ondule son ventre argenté liseré de pierre blanche où les promeneurs ont l'air de figurants dans une superproduction. L'espace d'un instant, Barnabé comprend pourquoi Rosa a quitté le pays pour réaliser un rêve de petite fille dans ce décor grandeur nature, dévoreur d'illusions provinciales depuis les siècles des siècles.

Voilà Notre-Dame et le boulevard Saint-Michel, voilà des

ruines séculaires pelotonnées contre un jardin cerné de grilles à l'angle du boulevard Saint-Germain. Et puis voilà une petite rue en pente où la Mercedes fait halte, devant un attroupement de mobylettes enchaînées.

On est arrivés. Barnabé, un peu déçu, se rend compte qu'il aime bien les voyages finalement.

– Combien ? fait-il répéter abasourdi au chauffeur.

– Barnabé ! s'impatiente Rosa, à bout de nerfs.

« Tout de même, on ne dirait pas qu'ils manquent d'air à Paris », se dit Barnabé en imaginant les deux beaux poulets de quatre kilos tout vidés prêts à cuire qui viennent de partir en fumée.

Rosa s'est déjà faufilée sous le porche d'un immeuble défraîchi de la rue qui escalade depuis le Moyen Âge une des trois collines de la capitale, la montagne Sainte-Geneviève.

– Mais où est-elle, cette montagne ?

– Quelle montagne ?

Il suit Rosa dans la cage d'escalier sans ascenseur jusqu'au septième étage, le septième ciel pense-t-il en cherchant son souffle, jusqu'à son appartement, deux pièces minuscules sous les combles, dans lesquelles on ne ferait pas tenir deux génisses d'un an.

– C'est cher, Paris, qu'est-ce que tu crois ? bougonne Rosa. Tu veux un Coca ? ajoute-t-elle machinalement.

– Euh, non.

– Ça tombe bien, j'en ai pas, gémit-elle après avoir ouvert et refermé la porte du réfrigérateur.

Soudain, elle semble enfin se rendre compte qu'il est là, qu'ils ne se connaissent pour ainsi dire pas, qu'ils n'ont rien à partager, rien à se dire, autant dire une tuile de plus dans cette journée calamiteuse. Alors elle cherche comment s'en dépêtrer.

– Mais tu es venu quoi faire ?

– Euh… te voir, te chercher.

Elle le regarde, franchement affolée cette fois. Dirait-on pas que ça le reprend ? Le psychologue, lors de l'arrestation, lui avait bien expliqué que Barnabé était fragile, romantique, un peu déconnecté de la réalité, mais elle croyait qu'ils l'avaient guéri, là-bas. Et puis non, voilà que ça recommence, qu'il s'imagine qu'il l'aime et qu'ils sont faits l'un pour l'autre, avait dit l'homme de science. Vraiment, ce n'est pas de chance, justement aujourd'hui où tout va mal, où son rêve de gloire se casse encore une fois la figure.

Une sonnerie stridente fait diversion.

C'est le voisin du dessous, un jeune Noir efféminé aux paupières nacrées qui tient dans ses bras un bébé d'à peu près un an et qui se met à en parler à Rosa comme si ça devait l'intéresser :

– Il n'a pas fini son biberon, il a mangé un peu de compote, il n'a pas beaucoup dormi. J'ai vu ton émission. Dommage qu'ils ne t'aient pas gardée. Ce n'est vraiment pas juste. Tu es bien meilleure que Stevie…

Mais de ça, Rosa ne veut surtout pas entendre parler, alors

elle sort un billet de son sac et le donne au jeune type noir qui n'insiste pas. Pose le bébé sur le divan et s'en va. Bizarre.

Barnabé regarde le mignot, pas noir du tout, avec sa bouche froncée prête à pleurer, comme Rosa. Mais il n'a pas le temps de se demander ce qu'il fait là, parce qu'une minute ne s'est pas écoulée que voilà un autre visiteur qui rapplique.

« Comment est-il entré ? »

Avec une clef, on dirait. Décidément, il s'en passe des choses ici.

C'est un type moyen de taille, moyen de tout d'ailleurs, avec quand même des yeux bleus plutôt intéressants et un blouson de cuir rouge qui lui donne son allure. Il s'assied dans le divan comme chez lui et prend dans ses bras le mouflet aux yeux du même bleu qui se met illico à brailler.

– Il n'est vraiment pas agréable, ce môme, dit-il.

Il le repose fissa où il était et s'avise de la présence de Barnabé :

– C'est qui çui-là ? demande-t-il en le regardant avec l'air d'un qui cherche à passer ses nerfs.

– Un ami d'enfance, crache Rosa, agacée par les pleurs du bébé.

– Bon.

Le type au cuir rouge commence à rassembler des vêtements qui traînent un peu partout dans l'appartement, ça ne va pas mieux décidément, et les fait disparaître dans un sac de toile kaki à bandoulière. Par la porte demeurée grande ouverte, Barnabé aperçoit sur le palier une fille qui attend, le poing sur la hanche, l'air pas commode du tout. Au demeurant il faut l'avouer, plutôt gironde, avec tout ce qu'il faut autour.

– J'arrive, dit le type à la gironde en faisant comme si Rosa n'existait pas, n'était qu'une partie insignifiante du décor.

Il n'aurait pas dû. Rosa vitupère, rouspète, gémit qu'il n'a pas le droit, claque la porte au nez de la gironde et se met à tirer sur la jambe d'un pantalon qu'il s'apprêtait à mettre dans le sac, comme si elle voulait l'arracher.

– Celui-là est à moi !

– Non, mais tu plaisantes ?

– C'est mon jean, mon jean ! hurle-t-elle.

Les coutures craquent mais il est plus fort qu'elle et finit par l'emporter.

– C'est malin ! Tu es contente, je parie ?

Il la repousse et va rouvrir la porte. La gironde n'a pas bougé d'un pouce, on dirait une statue. Rosa barre le passage, se jette sur le type aux yeux bleus en le bourrant de coups de poing :

– Salaud salaud salaud, hurle-t-elle avec entrain.

Le loupiot peaufine la tragédie en s'égosillant de désespoir. Ce n'est pas un spectacle, vraiment, pour un si petit être innocent.

Barnabé ne sait pas quoi faire, ne comprend rien à leurs gesticulations, préfère ne pas comprendre d'ailleurs. Sa confiance en l'avenir est en train de se ratatiner, de se diluer même, dans les vocalises du bébé. Comme si Rosa était capable de faire un enfant alors que c'est elle, l'enfant, avec ses yeux de biche à mourir et son sourire d'ange.

Mais voilà que le spectacle est terminé, on dirait. Le type a rejoint sa gironde sur le palier et la porte se referme sur eux en claquant une dernière fois, théâtrale comme tout.

Rosa reste là à la contempler, hagarde, le cœur en marmelade et des pensées de meurtres qui s'échappent de son regard sans le faire exprès.

Elle se retourne vers Barnabé et se met à lui débagouler des mots qui ne méritent pas d'exister, des mots choisis tout exprès pour l'autre mais qui pleuvent quand même sur lui qui n'avait qu'à pas être là, tant pis. Bien sûr ses yeux pendant ce temps-là disent tout le contraire de ses mots, exactement. Qu'elle est malheureuse et que les mecs sont des salauds, pas Barnabé bien sûr, mais quand même, puisqu'il est un mec, ça lui apprendra, et tiens, prends ça, et encore ça, tiens et bing et bang et re-bing, ça me soulage !

À la fin, elle se calme, elle redevient toute douce, meurtrie.

Et comme le bébé pleure encore, elle le prend dans ses bras, l'agite un peu, machinalement comme pour arrêter le mécanisme pendant que Barnabé ahuri la contemple.

« Mais qu'est-ce qu'elle fait ? »

– C'est vrai qu'il n'est pas agréable, ce môme, dit-elle dépitée en reposant le petit bout hurlant sur le divan.

Elle se lève et fait chauffer de l'eau, lave un biberon en sanglotant que personne ne l'aime.

Barnabé, toujours silencieux, compte et recompte muettement.

« Neuf mois plus... combien ça peut avoir ? Un an ? Plus ? Mettons douze mois, non, treize, plus neuf, ça fait... »

Il n'y arrive pas, à compter ses mois de prison et puis les mois d'absence de Rosa et comment tout ça bout à bout a pu donner ce machin qui braille qu'on ne s'occupe pas de lui ou quelque chose dans le genre mais en V.O. qu'on n'arrive pas à traduire.

– Tu fais du baby-sitting ? demande-t-il dans un dernier sursaut d'espoir.

Elle a suivi son regard et comprend tout de suite ce qu'il veut dire.

– C'est à cause de lui que tu demandes ça ? Laisse tomber, ce n'est rien.

– Comment ça rien ? Un beau mouflet tout neuf et tu appelles ça rien ? Il est à qui ce loupiot-là, tu peux me le dire ?

– Qu'est-ce que ça peut te faire, après tout ? Tu débarques comme ça, d'un seul coup. Tu imagines un peu ce qu'il a pu couler comme eau sous les ponts, non ?

Elle manque de faire tomber le biberon, le rattrape *in extremis* et se rend compte qu'elle est un peu dure avec ce pauvre garçon venu la voir du fin fond de sa campagne, un admirateur en somme.

– Vraiment, tu ne devines pas ? ajoute-t-elle plus gentiment.

– Ce n'est pas le grand Joël quand même ? demande Barnabé, qui vient de perdre tout espoir de sa virginité.

– Ce bouffon congénital ? Ma parole, tu dérailles, tu n'y es pas du tout, non, c'est Jeff. Celui de tout à l'heure. Tu parles comme il était content, au début, que je sois enceinte. Et puis quand le bébé est arrivé, je ne sais pas, il a eu peur peut-être, enfin, d'un seul coup, ça ne lui disait plus rien, la paternité. Il a recommencé à sortir et à faire la fête pendant que moi… Enfin, voilà le résultat.

Barnabé déglutit. Ne parvient plus à écouter ce qu'elle dit. Rosa a un bébé. Et alors ? Qu'est-ce qu'il croyait ? Qu'elle allait l'accueillir à bras ouverts comme un chevalier des temps anciens ? Non, bien sûr, mais un bébé tout de même, elle y va fort. Ça veut dire qu'elle n'est plus vierge, qu'elle a fait « ça » avec un autre alors que lui est toujours puceau. Et quoi encore ?

Rien justement, le père a capitulé, s'est tiré tout à l'heure, il l'a vu de ses yeux vu, il était là.

– … il n'en veut plus maintenant, ni de lui ni de moi, dit Rosa en reniflant. Tu parles d'un salaud.

– Hein ?… ah oui, convient-il, vaincu.

Barnabé s'efforce de retrouver ses mots pour une conversation normale qui l'empêcherait de penser à son malheur, mais il n'est pas doué pour les conversations normales.

– Mais enfin, comment tu as fait ça. Tu es tellement, tellement…

Il ne trouve pas le terme exact, il voulait dire « jeune »,

il voulait dire « enfant » même, mais c'est vrai qu'ils sont des adultes maintenant, surtout lui évidemment. Enfin, ce n'était pas si pressé de fabriquer un loupiot, elle aurait pu attendre.

– Tu aurais pu attendre.

– Ben tiens, c'est facile, peut-être.

– Oui, quand même, avec la pilule, les… les capotes, tout ça, bredouille-t-il gêné en regardant le rejeton qui braille sans faiblir. Un bébé à toi, en plus, regarde déjà comme il te ressemble avec ses belles joues dodues et ses petites lèvres roses comme des limaces.

– Pouah, qu'est-ce que tu racontes ?

Rien. Barnabé s'empare de l'enfant soudain, dans un élan, depuis tout à l'heure qu'il en mourait d'envie de le bercer sans savoir comment on berce. Mais puisque c'est l'intention qui compte, il essaye et le mignot se calme instantanément devant Rosa sidérée.

– Tu sais y faire, on dirait. Moi il ne m'aime pas, déclare-t-elle en lui tendant le biberon d'un geste brusque.

« Pas possible », pense Barnabé en enfilant machinalement la tétine dans la bouche du bébé.

– Comme il tète bien, il s'appelle comment, il a quel âge ?

– Nathanaël. Il a quinze mois.

– Nathanaël ? C'est un drôle de nom. Nathanaël comment ?

– Ben, Valet, tiens.

Rosa va voir dans le petit miroir suspendu au-dessus des clefs près de la porte d'entrée, si le désespoir n'a pas fait trop de dégâts sur sa peau délicate.

– Un désastre ! Faut que je me remaquille…

Soudain son visage s'illumine.

– Dis donc, Barnabé, puisque tu es là, ça t'embêterait de me le garder ce soir ?

Barnabé, estomaqué, demeure bouche bée tandis que Rosa, redevenue gaie, virevolte, prenant son silence pour un consentement.

– Tu comprends, c'est un vrai coup dur qui vient de m'arriver, faut que je me change les idées. Je vais aller faire un tour en boîte. Tu peux me rendre ce petit service, n'est-ce pas ? Entre amis d'enfance.

Promu brusquement au grade d'ami d'enfance, Barnabé songe qu'il ne lui reste plus qu'à se hisser un peu pour franchir les degrés qui mènent à celui d'ami tout court, puis à l'exclusivité amoureuse.

– Fais comme chez toi. Tu peux même aller te balader avec lui si ça te chante.

CHAPITRE XII

Barnabé descend la rue Sainte-Geneviève, le bébé sur son ventre, fier comme d'un trésor inestimable dont il serait le gardien.

Bien sûr, il aurait préféré passer la soirée avec Rosa, mais puisqu'il n'en est pas question, il lui reste à se mettre sous la dent la confiance qu'elle lui a témoignée en lui prêtant ce loupiot-là qu'elle a fabriqué presque toute seule et qui est une si belle réussite. Et ce n'est pas vrai qu'il a mauvais caractère puisqu'il sourit sans discontinuer depuis qu'il est suspendu à Barnabé comme à une mère kangourou.

Ils tanguent tous les deux, béats, jusqu'au boulevard Saint-Germain, baignés dans l'exotique senteur des pots d'échappement.

« Nathanaël, c'est un drôle de nom, beaucoup trop long pour un si petit bout d'homme. On dirait un nom d'ange, mais on ne pouvait pas en espérer moins de sainte Rosa, entre parenthèses pas si sainte que ça, mais passons. Pauvre petit noyau, si seulement il pouvait respirer un peu moins de dioxyde de carbone, ce serait sans doute une meilleure promesse d'avenir pour sa santé. »

Mais le petit noyau n'a pas trop l'air de s'en soucier et regarde autour de lui comme si c'était la première fois qu'il se promenait dans Paris. Comme Barnabé d'ailleurs, qui navigue au gré de sa fantaisie, le regard affolé de nouveauté papillonnant de haut en bas et de gauche à droite pour ne rien manquer de ce pataquès de couleurs, d'odeurs, d'immeubles, de vitrines, de vêtements et de coiffures bariolés, bribes de vies entrevues, baisers, disputes, appétissantes fragrances d'il ne sait quoi qui lui font tourner la tête.

Le loupiot s'écarquille, s'ébaubit, fait risette aux passants, engage la conversation, convaincu que le monde est un vaste terrain de jeu qui n'attend que lui.

Leur promenade hasardeuse les mène jusqu'au jardin pelotonné contre ses ruines séculaires où l'été de la Saint-Martin fait des siennes, ensoleillant les flâneurs tardifs.

Barnabé s'assied sur un banc et le bambin aussitôt s'amuse des moineaux intrépides venus leur gazouiller autour.

– Oiseau, dit Nathanaël.

– Comme il parle bien, s'attendrit Barnabé.

Des sentiments inconnus se frayent un chemin vers son âme, des bouffées d'allégresse le traversent, le transfigurent. Rosa n'est plus vierge, Rosa a un enfant, Rosa est sortie et elle l'a planté là, avec sa progéniture, tu t'en occupes s'il te plaît parce qu'il faut que je me change les idées, tu comprends ? Il devrait être dépité, désemparé, désespéré, au moins triste. Mais il ne ressent rien de tout ça, au contraire, il est exalté. Et la raison de son exaltation, c'est ce petit bonhomme que sa mère et son père font pleurer et qui rigole que la vie c'est magnifique aussitôt qu'il est dans les bras de Barnabé.

« Il faudrait que ça dure », se dit-il.

Et puis soudain, à regarder picorer les bestioles lui vient une fringale qu'il se met en quête de satisfaire. Il traverse le passage clouté avec son précieux chargement et s'engage dans une rue piétonne où les premiers dîneurs sont déjà installés, Parisiens ou touristes, du moins ceux-là ont-ils l'air détendu.

– Entrez entrez, le hèle un restaurateur.

– Venez chez moi, l'agrippe un autre, je vous fais le menu à prix d'ami.

Écartant l'amitié impromptue, Barnabé opte pour le moustachu aux yeux sombres qui sourit muettement au seuil du troisième établissement.

Il renvoie le sourire et le silence et s'installe à une table en terrasse sur un simple regard de connivence. Le serveur glisse obligeamment un coussin sous les fesses du loupiot qui s'empare aussitôt de la cuiller pour faire savoir à la population qu'il est un as de la percussion, et Barnabé commande le couscous dont il rêvait depuis longtemps, ce genre de nourriture n'ayant jamais franchi le seuil des Bouton. Il s'enthousiasme pour ce pot-au-feu ensoleillé jusqu'à redemander trois fois des légumes et de la semoule pour alimenter son souvenir.

– C'est à vous ? l'interroge à l'heure du dessert le moustachu.

Barnabé se rengorge, puis toussote un peu.

– Pas exactement, répond-il à regret.

– Il vous aime bien, on dirait.

Au même moment, comme pour appuyer l'assertion, le loupiot gratifie Barnabé d'un « ba-ba » écarquillé.

« C'est vrai qu'il m'aime bien », se réjouit-il.

Il s'attarde encore un peu dans le frais du soir avant de reprendre le chemin de la petite montagne en songeant au destin qui le pousse toujours vers les collines.

Il couche l'enfant dans son lit et lui raconte l'histoire de la petite Espoir rescapée de l'abattoir, de sa balade en forêt, de son détour par le cachot, de leurs retrouvailles. Il lui promet même qu'un jour il la lui présentera, comme si c'était nécessaire pour que le déjà bien ensommeillé mignot s'endorme, émerveillé par cette promesse d'inconnu.

« Je ne sais plus ce que je dis, somnole-t-il, il n'est pas à moi cet enfant. J'aimerais bien, si j'avais un enfant, qu'il soit comme celui-là, aussi… gai. »

Barnabé s'est un peu assoupi dans le canapé quand vers trois heures du matin la clef gémit dans sa serrure, quand la porte grince puis s'ouvre sur une Rosa blême de fatigue et tâtonnante dans l'obscurité.

– Ça va ? demande-t-elle, s'adressant au hasard des ténèbres.

Barnabé répond d'un signe de tête qu'elle ne peut pas voir, mais elle n'attendait pas de réponse à sa question de convenance. Elle se l'est presque posée à elle-même et s'est répondu à elle-même aussi, presque aussitôt, que non, ça ne va pas, pas du tout même et que ça fait trop longtemps que ça dure. Elle allume une petite lampe au fond de la pièce et Barnabé devine tout de suite à son regard qu'elle a besoin d'être consolée.

– Tu veux qu'on aille voir les étoiles ? chuchote-t-il.

– Quelles étoiles ? Il n'y a pas d'étoiles.

– Comment ça, pas d'étoiles ? Il doit bien y en avoir pourtant, par une nuit de mai sans lune.

Il ouvre la fenêtre pour vérifier, consulte avec application le firmament jaunâtre. Mais Rosa a raison, nulle étoile dans ce ciel flavescent, presque souffreteux, où même la nuit n'ose pas prendre ses aises.

– Ça ne te manque pas ? s'enquiert-il, remué par cette bouleversante découverte qu'un être humain puisse vivre sans étoiles.

– Qu'est-ce que ça change, tu peux me le dire ? bâille Rosa.

– Mais... je ne sais pas moi. Tout.

Rosa n'est pas d'accord, s'en fiche, hausse les épaules.

– Il y a des choses plus importantes dans la vie.

– Ah oui ? Quoi ?

Elle re-hausse les épaules, pas envie de discuter, trop fatiguée, trop déprimée.

– Alors, tu ne veux pas revenir avec moi au pays ? risque encore Barnabé.

– Ne dis pas de bêtises, tu veux.

Elle a parlé sur le ton d'une mère qui réprimande son enfant, parce que ça, elle en est certaine, c'est même la seule chose dont elle soit absolument certaine, il n'en est pas question. Pas avant d'avoir réussi à décrocher un vrai rôle. Son désir de gloire est à peine égratigné par ses dégringolades successives, elle a encore de l'ambition en réserve, elle n'a pas dit son dernier mot.

– Je ne peux pas renoncer maintenant.

Barnabé ne peut pas s'empêcher de l'admirer même s'il ne l'approuve pas, même si tout à l'heure, en s'assoupissant dans le canapé, il imaginait Rosa enfin à lui, dans ses bras pour l'éternité éternelle.

Elle, Rosa, pendant ce temps-là, s'est remise à penser au fourreau en lamé qui moulera son corps de déesse quand elle montera les marches, un jour, elle ne sait pas quel jour.

« L'Oscar de la meilleure actrice est décerné à Mademoiselle Rosa Trucmuche… »

Trucmuche, parce qu'elle n'a pas encore choisi son pseudo et sauf que ce jour-là évidemment, tout sera en anglais.

« *The Oscar of the best…* »

The best what au fait, je ne me rappelle plus, mais c'est pas grave parce que d'ici là, j'aurai improuvé mon anglais.

Rosa en rêve. Elle s'entraîne tous les jours devant la glace à imiter les mimiques de Julia Roberts et les sourires de Gwinneth Paltrow, et côté carrosserie, elle a déjà de quoi faire pâlir Sharon Stone avec trente printemps de bonus, alors.

Barnabé soupire. Elle a l'air si sûre d'elle qu'il n'y a plus rien d'autre à faire que de lui redonner courage, lui dire que lui aussi est sûr qu'elle deviendra une grande actrice.

– C'est obligé, puiqu'il n'y en a pas d'aussi belle que toi, ils vont s'en rendre compte, forcément. Tu as le temps après tout, tu es si jeune, n'abandonne pas, il ne faut jamais abandonner. Ce sont ceux qui n'abandonnent pas qui réussissent.

– Tu crois ?

Elle le croit, son moral repasse la barre du zéro et s'élance à la conquête des sommets. Elle va mieux grâce à Barnabé, elle lui raconte ses projets. Il y a justement un casting mercredi et puis elle connaît quelqu'un qui va la présenter à quelqu'un qui.

– Si seulement... murmure-t-elle en regardant son enfant dormir.

Barnabé comprend vite, pas besoin de lui faire un dessin. Il comprend d'autant plus vite que la même idée folle l'a effleuré quand il somnolait tout à l'heure, elle l'a même un peu effrayé pour tout dire. Et puis il l'a examinée avec une patience d'orfèvre, il l'a retournée dans tous les sens. Et quand la brume tremblotante du sommeil l'a jeté sur l'autre rive, elle n'était plus si effrayante. À présent, on dirait qu'il n'y a plus qu'à pousser juste un peu pour qu'elle se concrétise.

– Tu penses que tu te débrouillerais mieux si quelqu'un s'en occupait ?

Rosa, qui a soudain follement envie de croire aux contes de fées, saute à pieds joints sur la providentielle aubaine.

– Barnabé, sans rire, tu le ferais ?

– Sans rire. Pauvre loupiot, il serait si heureux à la campagne.

Rosa n'en doute pas, elle est d'accord, c'est comme si l'affaire était faite. Il faut juste que Barnabé promette de ne rien dire à ses parents et elle lui donnera tous les papiers nécessaires pour l'inscrire à l'école.

– Il est trop petit, objecte Barnabé, qui souhaite l'en préserver le plus longtemps possible, étant donné les souvenirs désastreux qu'il en a.

– Oui, c'est vrai, bien sûr, mais après… enfin bon, je viendrai le voir, tu sais. Je viendrai le voir tous les dimanches, tous les quinze jours, enfin à peu près, et je téléphonerai.

– Oui oui, acquiesce Barnabé, tout rêveur devant sa progéniture adoptive.

Rosa est si enthousiaste que son regard devient caressant. Pas seulement son regard. Bientôt, voilà qu'elle se niche contre son épaule, si reconnaissante que Barnabé n'a pas anticipé le furtif baiser qui vient s'écraser sur ses lèvres.

Il s'écarlate, brûle, se consume soudain. Et Rosa qui se distribue avec tant de bonne volonté, ne comprend pas ce qu'un furtif baiser peut faire à Barnabé. Qu'est-ce que c'est donc que cette amoureuse inopinée qui le traite comme s'il était un grand Joël ou assimilé ? Barnabé ne veut pas goûter de ce pain-là, pas question. Il n'a pas envie de mettre des années à s'en remettre, de devoir ensuite vivre sans elle.

– Je ne veux pas que tu me touches, dit-il en la repoussant doucement. Tu me toucheras seulement quand tu viendras habiter avec moi. En attendant, je prends ton pitchoun. Je m'en occuperai mieux que d'un agneau.

– Mais je viendrai jamais habiter avec toi, tu yoyotes de la toiture ma parole ?

– C'est pas grave, on verra ça plus tard, je prends ton pitchoun quand même. Je crois qu'on est faits pour s'entendre lui et moi, j'ai vu ça au premier coup d'œil.

Rosa interloquée baisse les yeux. Elle n'a pas l'habitude qu'on la repousse, surtout avant, et surtout pas un type comme Barnabé.

« Pour qui y se prend, sans blague, ce gros plouc ? »

C'est vrai qu'il est bizarre, pas comme les autres. A-t-elle raison de lui confier son enfant ? De toute façon, elle ne peut pas faire autrement, elle doit s'occuper de sa carrière. N'empêche qu'il ne doute de rien pour s'imaginer qu'elle pourrait avoir envie d'aller s'enterrer dans sa campagne entre un champ de maïs et un troupeau de chèvres.

Rosa bâille encore, exténuée, ne trouve ni le courage de se laver les dents ni celui de se démaquiller, tout juste celui de vaciller jusqu'au lit, s'y laisser mollement choir et s'y endormir, presque instantanément.

Barnabé la regarde, Barnabé est en feu. S'il avait voulu, il aurait pu la prendre toute, comme dans ses rêves, il aurait pu la faire gémir, la caresser, la malaxer, comme dans ses rêves, il aurait pu la pénétrer avec son sexe de puceau boursoufflé de désir, il aurait pu la faire gémir, comme dans ses rêves. Elle était d'accord, elle s'est couchée sur son épaule, elle a baisé ses lèvres.

Mais il a dit non. Je ne veux pas que tu me touches. Son sexe voulait. Lui, non.

« Fiston, tu débloques », aurait dit le pépé qui n'en saurait rien, jamais. Heureusement.

Barnabé se pelotonne sur le canapé. Peu à peu, la brûlure s'apaise, la tension se relâche. Il finit de se consoler en couvant de son regard extasié le sourire assoupi du P'tit Noyau.

« C'est le pépé qui va en faire, une trombine. Pour une surprise, ça va être une sacrée surprise ! »

Rasséréné par cette perspective de paternité, il rejoint bientôt la mère et l'enfant dans les bras de Morphée.

Le lendemain, après un café silencieux en tête à tête, avec les mines d'un couple qui se sépare avant même de s'être rencontré, c'est mieux comme ça crois-moi, évitons les mots, Rosa entasse quelques vêtements de bébé dans un sac et pousse Barnabé jusqu'à la bouche de métro.

– T'es garé loin ? demande-t-elle.

– Assez. Charenton.

– Ouh là ! Bon. Je t'accompagnerais bien, mais j'ai un rendez-vous tu comprends, faut que je me dépêche.

Et la voilà qui s'échappe déjà, de peur qu'il ne change d'avis peut-être.

– Je t'écrirai, ajoute-t-elle après avoir esquissé un baiser machinal et s'en être aussitôt retenue pour ne pas essuyer une nouvelle rebuffade.

Barnabé se laisse engloutir par le flot des travailleurs qui se dirigent machinalement, le cœur fermé à triple tour, vers le lieu de leur labeur quotidien. Il se retourne juste une dernière fois en bas de l'escalier pour voir Rosa disparaître dans son souvenir d'escapade parisienne dont il ramène un si beau trophée. Puis s'engouffre dans les longs boyaux de faïence oblitérés de slogans bariolés.

Une grosse femme avec une sorte de brassière bouffante

sur une jupe courte et des gros mocassins d'homme, vient s'asseoir en face de lui. Leurs genoux s'affrontent dans l'agressivité du petit matin. Faudrait revoir l'aménagement des rames, pas assez de place pour deux sauf dans une promiscuité dont rougit Barnabé qui ne peut plus détacher son regard des cheveux plaqués en point-virgule sur un front vaste et gras. Il range ses jambes en biais et ses pieds sur ses pointes à en attraper des crampes.

Satisfaite, la femme arrange sa brassière sur ses épaules et enveloppe d'un sourire édenté P'tit Noyau qui, pas bégueule, le lui rend si bien au centuple qu'elle n'en revient pas.

Barnabé n'est pas fâché de voir arriver la correspondance. Il retrouve son chemin sans hésiter grâce à son sens inné de l'orientation.

« C'est pas sorcier de prendre le métro, je me disais bien. »

Le reste du trajet se déroule sans encombre jusqu'à la vieille Simca sagement assoupie à l'endroit où il l'a laissée la veille. Après une petite tape amicale sur le capot, il fait un nœud à la ceinture de sécurité pas extensible pour coincer P'tit Noyau sur la banquette arrière.

« Pourvu qu'elle démarre », pense Barnabé en tournant la clef dans le contact.

Brave petite Simca qui crachotte et se met bientôt à ronronner.

La tristesse d'avoir quitté Rosa fait vite place à la joie de ne pas revenir les mains vides. D'ailleurs, tout bien considéré, ce P'tit Noyau, c'est un petit commencement de Rosa, un joli petit commencement même, en attendant qu'elle se lasse. En attendant qu'elle comprenne que ce qu'elle poursuit, ce n'est que du vent, pas de la vraie vie.

La route sillonne, crapahute, glissote un peu, mais Barnabé maîtrise la situation. Il ouvre la vitre et se met à fredonner Rachmaninov, puis comme ça a l'air de plaire au loupiot, monte d'une octave, badabam badabam ! Il n'y a pas à dire, ce type-là, il vous assaisonne l'ordinaire comme personne.

– Tu vas voir mon mignot comme tu vas être heureux et moi donc ! Tu vas voir le ciel, les étoiles, l'herbe à perte de vue et puis la forêt. Tu vas voir comme l'horizon est vaste là-bas et comme l'air est plein de tout, tu vas voir comme les jours se ressemblent et pourtant chaque matin, tout est neuf. Tu vas voir. Je te présenterai la petite Espoir et le pépé, on va être heureux mon P'tit Noyau, je vais t'aimer, badabambadabam !

P'tit Noyau ne comprend rien, fait comme s'il comprenait tout. C'est fou comme il est intelligent ce mouflet, dingue comme un regard suffit à le renseigner.

Les collines du pays d'Othe montrent déjà leur ventre doux coiffé de verdure.

– On arrive, mon bonhomme ! s'écrie Barnabé exalté.

P'tit Noyau cueille le sourire de Barnabé et lui répond en battant des mains, enthousiaste.

Le pépé guette assis sur le perron le retour de son petit-fils.

Il a reconnu le ronronnement de la Simca bien avant

qu'elle n'arrive en haut de la colline, dès le premier lacet tout en bas, juste avant la dernière borne kilométrique. Rosa, il n'y croit pas de toute façon, n'y a jamais cru, alors il se prépare à recoller les morceaux de Barnabé. Il ne s'attend certainement pas à devenir arrière-grand-père d'adoption d'un seul coup. Alors quand son petit-fils triomphant lui brandit ce petit bout d'homme comme s'il ramenait la victoire dans son camp, inutile de dire qu'il n'y croit pas non plus.

– Tu n'as pas perdu ton temps, mais tu as perdu la boule, fiston, grommelle le pépé en contemplant le chérubin qui explore comme un bolide, ventre à terre, la pièce commune des Bouton, du serin aux télés, des télés à la cuisinière.

– Il ne s'arrête jamais ? Ça m'a l'air d'un petit excité de Parisien de première. Comment il s'appelle ?

– Nathanaël.

– Tu rigoles ?

– Non, je t'assure, c'est son nom.

– Et pourquoi pas Jéroboam ou Nabuchodonosor tant qu'elle y était ?

– Je ne sais pas. Elle devait pas connaître.

Barnabé va récupérer l'aventurier sous la cuisinière et époussette sans conviction ses genoux et ses menottes noirs de crasse. Le ménage n'est pas fait souvent là-dessous, il va falloir y penser.

– Regarde comme il est mignon, s'extasie-t-il. Moi, je l'appelle P'tit Noyau.

– M'étonne pas de toi, c'est pas un nom, ça. Et pourquoi pas… pourquoi pas…

Il ne trouve pas de mot pour ponctuer son « pourquoi pas », mais il marmonne quand même encore une ou deux fois « tant que tu y es » et retourne sur le perron se rouler une cigarette, histoire de marquer sa désapprobation.

Bon, les présentations sont faites.

Le mignot fait même des grâces au serin qui se lisse les plumes debout sur sa cage.

– Oiseau…

– Allez viens, bonhomme, lui dit l'heureux père adoptif, je vais te présenter tout le monde.

Espoir est contente de revoir Barnabé. Elle renifle le petit de Rosa comme si c'était l'enfant Jésus dans son étable, ne manque plus que l'âne. Ils font le tour du propriétaire, des chèvres, des poules et des canards dont les nasillements rigolards emballent d'emblée le petit citadin.

Et puis dans la foulée, pour tenir sa promesse à Rosa, Barnabé l'emmène sur ses épaules voir la mère Boudu, cette calamité faite femme qui, pendant cinq ans, l'a martyrisé pour qu'il sache lire et écrire. À présent qu'elle est en retraite, elle donne encore pour le plaisir des cours particuliers à des pauvres mômes dans le genre de Barnabé qu'ont pas la bosse de la lecture et n'ont jamais voulu se mettre dans la tête comment il pouvait y avoir des passés simples sans passés compliqués et des plus-que-parfaits, alors que le parfait déjà, ils ne voyaient pas très bien comment ça pouvait se faire. Résultat, elle a laissé des mauvais souvenirs à presque tout le monde même si ça partait d'un bon sentiment.

– Nul n'est prophète en son royaume, a-t-elle coutume de répondre quand on le lui fait remarquer. C'est de l'investissement à long terme, je ne peux pas mieux dire.

Elle est vieille à présent, tellement vieille et maigre et noire qu'on dirait une sorcière. Mais pour être tout à fait honnête, elle avait déjà l'air d'une sorcière avant.

C'est peut-être pour ça que son mari l'a quittée, il y a longtemps, un jour qu'il était allé chercher le courrier dans la boîte aux lettres au bout du chemin. Il n'est pas revenu et personne ne l'a jamais revu, pas même les gendarmes auxquels la mère Boudu avait déclaré un mari perdu. Longtemps, elle a espéré de ses nouvelles, surveillant la boîte aux lettres comme s'il allait réapparaître pile poil à l'endroit où il avait disparu, ou comme s'il allait lui écrire du bout du monde. Puis elle s'est habituée.

P'tit Noyau lui sourit de but en blanc. Ce pauvre innocent ne sait pas encore combien elle va le faire souffrir, le torturer bientôt avec des participes passés qu'on ferait mieux de mettre à la retraite et des trains qui se croisent à vingt-trois heures huit et qu'on s'en fiche.

– Alors, vous voulez bien ? Vous voulez bien lui apprendre à lire et écrire et la grammaire tout ça quand il sera d'âge, parce qu'il n'y a pas d'école maternelle ici et j'aime autant pas qu'il s'éloigne.

– Mais enfin Barnabé, tout de même, pourquoi a-t-il fallu que tu t'en ailles nous le ramener ici ? Tu ne crois pas que tu aurais pu penser avant à te le fabriquer toi-même, avec une amoureuse pour s'en occuper ?

– Ah oui, peut-être bien, mais est-ce qu'il aurait été aussi beau ?

– Je ne sais pas, mais enfin, un homme tout seul avec un si petit que ça, comment veux-tu que ça se débrouille ? Surtout toi.

– Pas plus mal qu'un autre, vous allez voir, répond Barnabé mortifié.

La mère Boudu marmonne dans son menton qu'elle doit réfléchir. Admettons.

Mais Barnabé n'en démord pas et revient patiemment lui poser tous les jours la même question. Finalement, elle voit bien que c'est sérieux et que Barnabé est aussi capable que n'importe qui de s'en occuper, de ce bébé.

– Bon. D'accord. Tu peux commencer à me l'amener une fois ou deux par semaine, je le ferai dessiner pour commencer et je lui apprendrai des comptines. C'est du miel ce pitchoun-là avec son regard qui sourit à faire fondre les pôles.

Barnabé est heureux comme si elle venait de lui dire que son petit a réussi son baccalauréat.

Tout marche comme sur des roulettes en somme, et la chambre bleue que Barnabé a spécialement aménagée pour le loupiot avant même de connaître son existence, lui va comme un gant. P'tit Noyau, fasciné, ne quitte pas des yeux les nuages roses des murs et la nuit constellée d'étoiles du plafond avec la Grande Ourse.

– Le vois pas, l'ours.

– C'est normal, il est trop loin. Bon, mais là-bas tu vois, c'est Bételgeuse et puis Altaïr et Cassiopée, et celle qui brille plus que les autres, c'est l'étoile du Berger.

Il s'endort bien avant l'étoile du Berger parce que l'air pur, ça fatigue les poumons habitués au gaz carbonique, surtout qu'on est à deux cents mètres d'altitude ici.

Même Barnabé s'endort parfois tout habillé au pied du lit, épuisé de bonheur. Il aime bien mieux Rosa d'ici, dans cette cathédrale où elle peut redevenir sainte Rosa.

Après tout, soupire-t-il avec satisfaction, même la Sainte Vierge a eu un enfant orphelin de père…

Évidemment, ce beau petit gars tout neuf dans un si petit village ne tarde pas à faire jaser le monde, surtout venant de Barnabé, qui n'arrête pas de le surprendre. Tantôt il se transforme en justicier, tantôt en père de famille, à force on se demande où il va chercher tout ça, toutes ces surprenantes aventures et puis à présent ce mouflet qui n'est tout de même pas né dans ses choux.

Les ragots s'étant donné bon train jusqu'à la gendarmerie, le pépé est obligé de ressortir sa gnôle une fois de plus pour le gendarme venu contrôler les papiers que Rosa a confiés à Barnabé.

– C'est la première fois qu'on en contrôle un si jeune, dit en rigolant le militaire.

Se croit drôle peut-être, mais c'est de l'humour de gendarme.

– C'est un prêt, plaide le pépé en veine de lucidité. Il est comme qui dirait en vacances, vous comprenez ?

– Moi, c'est juste que je ne veux pas d'histoires, dit le gendarme, on se connaît depuis longtemps vous et moi, c'est pour ça que je vous le dis tout crûment. Pas d'histoires, je ne peux pas vous dire mieux.

Après quelques petits verres de prune de derrière les fagots, le gendarme comprend tout, c'est déjà ça de réglé. Le reste n'est plus qu'une question d'habitude.

Torse bombé, Barnabé traverse la rue principale du village en tenant par la main P'tit Noyau qui, pas rancunier pour un sou, fait risette à tout le monde. Il passe chaque fois devant la maison des Valet, auxquels il est venu ces derniers temps des puces aux oreilles.

« Bizarre, se disent-ils probablement, que ce garçon s'en aille à Paris voir Rosa – parce que bien sûr, le pépé le leur avait dit pour les faire bisquer, c'est malin –, bizarre qu'il revienne avec ce loupiot qui a les yeux tout crachés de notre fille, qui n'est plus notre fille d'ailleurs, mais quand même. »

– Me regardez pas comme ça, c'est pas moi qui l'ai fait, j'aurais bien aimé, mais je ne suis resté que deux jours, le pépé peut témoigner.

Fâchés à mort pour fâchés à mort, ça n'empêche pas leurs deux trombines de dépasser de la haie désormais quand Barnabé passe devant chez eux avec P'tit Noyau.

« Et s'ils essayaient de me le prendre ? » pense-t-il, soudain angoissé.

Il retourne ça dans sa tête plusieurs fois, il y réfléchit encore et encore et finalement décide que la meilleure solution, c'est de partager. Désormais, il s'arrête mine de rien pour bavarder de la pluie et du beau temps ou bien des mauvaises herbes qui poussent dans les plates-bandes. Comme ça le mignard a le temps de cueillir un bouquet de pâquerettes sur le bas-côté et ses grands-parents peuvent admirer incognito leur petit-fils illégitime sans avoir l'air vraiment de changer d'avis.

– Il est mignon hein, il est réussi, n'est-ce-pas ? Il est intelligent en plus. Il sait déjà dessiner les soleils et en ce moment, il apprend les arbres. Il aime bien ça, l'étude. Pas comme moi, faut avouer.

Muguette Valet lui passe des framboises par-dessus les troènes et Alfred Valet lui fait des gouzi-gouzi et des guili-guili éhontés.

– Doucement quand même, pas de blague hein ? C'est à moi qu'elle l'a confié, on est bien d'accord ? met au point Barnabé.

Ça les refroidit d'un coup, évidemment ils sont d'accord et comment ! Qui ça ELLE, d'abord ?

« Bon, je préfère ça. »

– Allez viens, fiston, on va aller écouter pousser l'avoine avec Rachmaninov.

Et ils y vont.

Ils écoutent le *Concerto n° 3*, que Barnabé connaît par cœur, qu'il pourrait jouer sans partition les yeux fermés s'il connaissait la musique et s'il savait jouer du piano, pendant que P'tit Noyau crapahute ici et là, s'amuse avec un criquet, ou une araignée ou un hanneton et puis s'endort à même l'avoine dans l'ombre grêle d'une aubépine.

Barnabé le regarde dormir, s'ébahit de son existence, pense à toutes les caresses de soleil qu'il a fallu pour que cet enfant devienne enfant et pour que le paysage devienne paysage, et son cœur se soulève de reconnaissance pour l'astre qui a permis le miracle.

Et c'est ainsi que jour après jour, tranquillement, sans en avoir l'air, l'enfant de Rosa grandit.

Et pendant ce temps-là, tout là-bas dans la capitale, Rosa n'écrit pas évidemment, ne téléphone pas non plus d'ailleurs. Jamais. Elle essaye de devenir célèbre, la pauvre, grille sa vie, court court court et s'essouffle, se lasse des cours de théâtre, se laisse séduire encore par des promesses de temps à autre, se réveille bien sûr avec une gueule de bois mais moins souvent, reprend espoir, moins souvent aussi, et repart comme un bon petit soldat maquillé, manucuré, body-buildé.

CHAPITRE XIII

Six ans déjà que P'tit Noyau arpente ce lopin de planète à sa manière à lui, de velours, sans peser, sans vouloir rien changer aux choses, mettant ses pas dans les pas de Barnabé, son Papounet, comme il a pris l'habitude de l'appeler.

D'ailleurs, il faut bien avouer qu'ils se ressemblent au bout du compte et que Nathanaël, c'est un gars dans le genre de Barnabé, le genre chat, qui n'a jamais compris l'intérêt de faire autre chose que s'étirer au soleil et regarder pousser les fleurs. Sage en somme, sans avoir jamais appris à l'être. Et puis il n'a pas vécu en ville assez longtemps pour s'en souvenir ni en attraper les manies, alors il est vite devenu une petite créature sylvestre qui, grâce aux bons soins de la mère Boudu, sait en plus lire et écrire, sans excès. Elle lui a aussi appris un peu de calcul et un peu de géométrie, ça peut servir pour le bricolage, et puis un peu de poésie, même si ça ne sert à rien. Barnabé, qui n'a jamais été fichu d'en retenir une par cœur, est pétrifié d'admiration devant ce mignard adoptif qui récite *Le Dormeur du val* sans l'ombre d'un doute, avec des sanglots grelottant le long des cordes vocales.

La grammaire a été remisée à l'écart jusqu'au moment où ça deviendrait inévitable, c'est toujours ça de gagné côté bonne humeur.

La géographie des nuages, en revanche, n'a pas de secret pour lui. Mais ça, ça ne lui vient pas de la mère Boudu. C'est Arsène Loriot, le facteur garde champêtre-éboueur, auquel ses différentes fonctions laissent encore le temps d'examiner la voûte bleutée, qui la lui a apprise. Lui s'était formé sur le tas à ses risques et périls. Il n'était pas rare qu'on le croise sur le trajet de sa tournée pédalant le nez en l'air, et même, qu'on soit obligé de freiner en catastrophe pour l'éviter. Mais il s'en était toujours tiré miraculeusement, à croire qu'il avait une bonne étoile, ce qui est sans doute normal pour un type qui passe la moitié de son existence dans les nuages. Un vrai talent d'observation et un vieux livre de météo lui avaient permis de déchiffrer leur partition comme un virtuose le solfège. Il prévoyait à leur mine joufflue ou grincheuse l'air que le temps jouerait le lendemain et débusquait d'un seul coup d'œil la menace d'un petit nimbus embusqué dans un recoin d'horizon, ou d'un cumulus audacieux prêt à le dévorer pour se métamorphoser en redoutable cumulonimbus maniganceur d'orage.

Arsène Loriot ne faisait certes pas la pluie et le beau temps, mais il faisait la météo du village et même des environs depuis longtemps et mieux qu'à la télé, car il ne se trompait jamais.

P'tit Noyau bénéficie désormais de sa science, quoiqu'il garde encore quelques secrets jalousement.

– Je te les dirai juste avant de mourir, promet-il.

– Ce sera quand ?

– Pas bientôt j'espère.

P'tit Noyau convient volontiers qu'ils ont le temps.

Hélas, septembre approchant, Barnabé a dû l'inscrire à l'école primaire de Saint-Julien.

« Il le faut », s'efforce-t-il de se convaincre, bien que ça lui fende le cœur d'être séparé de lui du matin au soir pendant cinq jours de la semaine.

– Mais oui, il faut qu'il se socialise, renchérit la mère Boudu. Tu n'as pas le droit d'en faire un misanthrope dans ton genre.

Elle a toujours de ces mots qui nécessitent des études supérieures pour les comprendre.

– S'il veut devenir lui aussi un sauvage, insiste-t-elle, laisse-le au moins décider. En plus, c'est obligatoire, l'école, alors pas la peine d'en faire tout de suite un hors-la-loi, il suffit d'un dans la famille.

– C'est de l'histoire ancienne, bougonne Barnabé.

Parce que là, tout de même, elle exagère. Et puis quoi encore ?

D'ailleurs, ça ne manque pas de faire rappliquer la puce à l'oreille du P'tit Noyau ici présent.

– Ça veut dire quoi « hors-la-loi », mon Papounet ?

demande-t-il sitôt qu'ils sont sortis de chez la vieille préceptrice.

Ensuite, bien sûr, il ne reste plus qu'une chose à faire, tout lui raconter. Et comment il a aimé Rosa et comment il l'aime toujours et ce qu'il a fait pour elle qui s'en fiche.

Une fois rentrés, il lui déballe même ses archives.

– Regarde, annonce-t-il, plutôt fier de lui montrer sa photo découpée dans le journal. Ça, c'est quand ils m'ont arrêté après le coup des veaux.

P'tit Noyau sait qu'Espoir est une rescapée de l'abattoir, mais il n'en revient tout de même pas, de ce que son Papounet lui raconte.

– Quatre mois, j'ai fait, bonhomme. Mais la prison, c'est un truc qu'il vaut mieux éviter, crois-moi.

– Alors, chevalier B., c'était ton nom ?

Barnabé acquiesce et son cœur se gonfle d'orgueil à ce souvenir. Il en embrasserait la mère Boudu qui a provoqué la confidence. Le voilà devenu un héros pour son mouflet adoptif tout médusé d'avoir un père célèbre dont on parle dans les journaux, un chevalier.

P'tit Noyau se blottit contre lui et le serre aussi fort que le peuvent ses bras de sept ans, c'est-à-dire vraiment fort, on n'a même pas idée.

– Moi aussi un jour, je serai chevalier ! déclare-t-il solennel.

– Oui, bon, on en reparlera.

Heureusement il a le temps de changer d'avis, de grandir, de comprendre.

Il semble soudain à Barnabé que les six années qu'ils viennent de partager ont passé comme dans un souffle. C'est fou comme le temps passe vite quand on est heureux.

Les choses commencent à se gâter à la fin du printemps quand voilà le pépé qui tombe raide de l'arbre où il cueillait les cerises, à cause d'une embolie qui le laisse quasi impotent. Paralysé de sa moitié gauche et pas trop fringant de l'autre.

Du coup, Barnabé doit le porter, le laver, l'habiller, le raser, lui donner à manger cuiller après cuiller comme à un petit enfant, l'installer sur le siège des toilettes, le nettoyer. Mais le pépé ne veut pas, le pépé résiste, il ne veut pas qu'on le dorlote.

– Laisse-moi crever fiston, emmène-moi à la casse, vite, tu vois bien que c'est foutu, tu ne vas pas t'empoisonner l'existence avec une vieille mécanique comme moi.

– Pépé voyons, tu m'as bien porté, toi, quand j'étais petit. Alors maintenant, c'est moi qui te porte, voilà.

Mais l'ancêtre n'a jamais été de ceux qui se laissent convaincre facilement, et quand il décide quelque chose, ce n'est même pas la peine de se lever de bonne heure pour essayer de le faire changer d'avis.

Il était donc logique que par une belle nuit de mai, après avoir rampé jusqu'à l'armoire du salon, il s'en aille rejoindre les étoiles avec le précieux concours du pistolet de son aïeul, celui qui avait servi à tuer des loups. C'est la seule chose que Barnabé n'avait pas rangée et qui se trouvait par conséquent toujours au même endroit, sous le linge propre. Le pépé l'a chargé, cet entêté, et splash, s'est tiré une balle de sa main valide. De la belle ouvrage, il n'y a pas à dire. Du travail d'obstiné.

Le surlendemain, il rejoignait la tribu au cimetière.

Ceux du village désormais ne regardent plus Barnabé que de loin, avec une manière de silence respectueux, n'osent plus s'approcher. Il est le dernier survivant avec ce drôle de P'tit Noyau au sujet duquel toutes sortes d'histoires circulent, le gendarme étant le seul à connaître le vrai secret de ses vacances prolongées, croix de bois, croix de fer, il l'a juré au pépé.

– Maintenant, on est tout seuls au monde, mon P'tit Noyau.

– T'inquiète pas mon Papounet, je suis là, moi, répond le gamin.

– Je sais, je ne m'inquiète pas.

Mais il s'inquiète un peu quand même. Et puis surtout, il est triste, parce que voilà qu'ils sont tous partis. Voilà qu'il n'y aura plus jamais personne pour lui dire ce qu'il faut faire, ne pas faire. Il sent bien que ça va lui manquer, que ça lui manque déjà. Bien sûr, faut voir le bon côté des choses. Il est adulte maintenant, et c'est lui qui dira aux plus jeunes ce qu'il faut faire. Comme s'il savait.

Ce qui est sûr, c'est que l'enfance vient de se faire la malle pour toujours et Barnabé n'a que vingt-six ans.

Il se sent terriblement responsable soudain en réalisant que l'enfant de Rosa n'a plus que lui s'il ne veut pas passer le reste de sa vie dans un studio pollué, sans étoiles et sans amour.

« Faut que je fasse mon testament », se dit-il.

Il pense toutes sortes de choses très graves comme celles-là, les oublie aussitôt que son naturel reprend le dessus, son naturel du jour le jour.

Pas envie d'aller chez le notaire, lui donner de l'argent juste pour qu'il écrive « *Je lègue tous mes biens à Nathanaël Valet, signé Barnabé Bouton* ». Alors il prend un stylo à bille et une feuille blanche où il écrit : « *Je lègue tous mes biens à Nathanaël Valet, signé Barnabé Bouton* », et décide d'aller la porter à la mère Boudu, avant de changer d'avis tout aussi brusquement. C'est vrai que la mère Boudu n'est plus toute jeune et qu'elle peut mourir aussi, bien avant lui, même. Alors il range la feuille dans un tiroir.

Le monde vacille. Ce monde si sûr, si immuable depuis sa naissance et qui, du jour au lendemain, par morceaux successifs, lui est enlevé.

– Tu sais mon P'tit Noyau, pour ne pas souffrir, il ne faut pas aimer, parce que tôt ou tard, d'une façon ou d'une autre, ceux qu'on aime nous quittent, déclare-t-il philosophique.

– Mais mon Papounet, fallait me le dire avant, c'est trop tard, je t'aime, moi ! Dis, tu ne vas pas m'abandonner, hein ?

– Bien sûr que non, je ne vais pas t'abandonner. Mais toi, un jour, tu t'en iras peut-être.

– Oh non alors !

Barnabé réussit à le croire un peu.

De quoi peut-il être sûr après tout, sinon de l'air qu'il respire et de la main de son P'tit Noyau dans la sienne ? Alors, il n'y a pas quarante-six solutions. Il faut se serrer les coudes en se répétant jour après jour qu'on s'aime, que c'est plus important que tout, et que la mort, si elle se mettait des fois dans l'idée de nous séparer, eh bien il faudrait qu'elle se lève tôt, parce qu'on ne se laissera pas faire. Il vaudrait même mieux qu'elle ne se couche pas du tout, mais nous non plus on ne se couchera pas et on verra bien qui aura le dernier mot.

– Tu sais ce qu'on va faire ? dit Barnabé, on va aller dormir dans la pâture du Haut. C'est un temps à étoiles filantes, on va aller les compter. Tu te souviens ? Quand c'est une grosse, on peut faire un vœu. Viens, faut pas qu'on se laisse abattre, on est vivants nous, c'est ce qui compte.

– Chic alors ! On va prendre des sandouichs ?

– Oui. Et du jus de groseille et… on cueillera des mirabelles en passant devant le jardin de l'instituteur. Il y a des branches qui débordent dans le chemin.

– D'accord. Et on prendra une petite couverture pour s'il fait froid.

Rien de tel que les étoiles quand on n'a plus de famille. Elles sont nos plus lointains ancêtres tout en bas de l'arbre généalogique, là où on ne descend jamais parce que c'est trop profond, bien plus profond que les plus grosses racines et même que les plus profondes radicelles et que leurs radicelettes qui se mêlent à l'humus. C'est tout là-bas qu'elles sont. À l'origine des hommes, bêtes, et plantes confondus. C'est une des seules choses que Barnabé ait retenues en cours de sciences de la Terre.

P'tit Noyau est devenu très calé en étoiles grâce à la vocation suscitée par Barnabé sur le plafond de sa chambre. Mais c'est une vocation de poète plutôt que d'astronome. Très vite il a compris que peu lui importait leur état civil, Bételgeuse ou Altaïr, Ophiucus ou Cassiopée, pourvu qu'il puisse compter sur leur présence fidèle.

Les deux orphelins s'emmitouflent dans les ténèbres où clignotent mille millions d'astres silencieux, se serrent l'un contre l'autre et boulottent leurs mirabelles, le regard rivé au firmament. Et souishhh, en voilà une belle qui file vers l'ouest pour qu'on s'aime toujours, souishhh, une autre pour que...

– Pour que quoi mon Papounet ?

– Pour qu'il n'y ait plus que des bonnes nouvelles au jité.

– D'accord !

Le monde n'a qu'à bien se tenir, on ne se laissera pas faire, qu'il se le tienne pour dit.

Ils s'éveillent dans les feux nacrés de l'aurore, riches d'un trésor dont nul voleur ne peut s'emparer.

– On est vivants ce matin, mon Papounet, c'est bien hein ?

– Oui, c'est bien.

Après avoir déjeuné de confiture de sureau et de lait de chèvre, les voilà partis main dans la main dans les rues du village pour le grand déballage d'une fois l'an où tout le monde sort ses vieilleries devant chez lui et attend le promeneur, amateur de vieilles choses, bricoleur génial, collectionneur de tout et de rien, citadin meublant sa maison de campagne, amateur pathologique de bonnes affaires. À un euro par-ci, deux euros par-là, c'est à qui débarrassera le plus vite son mètre linéaire et ça fait de l'argent de poche que l'État ne verra pas.

Barnabé, qui n'a rien à vendre depuis qu'il a meublé la cathédrale de sainte Rosa avec le contenu de la grange, déambule le long des étals pour qu'on voie que la vie profite bien à son P'tit Noyau, pour qu'on l'admire. Et lui aussi, tant qu'on y est, qui ne se débrouille pas si mal comme père d'occasion en dépit des qu'en-dira-t-on.

Et on ne s'en prive pas de l'admirer, parce qu'il est fondant, ce pitchoun tombé du ciel que les Valet regardent avec des soleils dans les yeux et qui sourit du soir au matin que l'existence est une sinécure, lui auquel on n'a pourtant jamais vu une maman et qui s'en passe comme si c'était tout naturel. Bien élevé en plus, dit bonjour à tout le monde et mine de rien se fait offrir ci ou ça sans avoir rien réclamé.

Une voiture téléguidée par-ci, une veste molletonnée par là, un bonnet pour protéger du froid ses petites oreilles si mignonnes, et puis tiens, voilà un porte-monnaie pour mettre tes économies, et aussi un sac de prunes parce que c'est la saison, et… Barnabé pile net devant l'étal de Totor qui, aussitôt en alerte, se campe devant lui, poings sur les hanches, à titre d'avertissement, au cas où il lui prendrait encore de drôles d'idées. D'accord, ça fait un bail qu'il se tient à carreau, mais on ne sait jamais.

Barnabé s'en fiche, n'a d'yeux que pour la vieille peinture crasseuse qui lui fait de l'œil derrière une roue de charrette et un cadre en plâtre. Il est comme hypnotisé. Même P'tit Noyau, qui gambadait déjà dix étals plus loin revient, trottinant sur ses pas, voir de quoi il retourne.

Lentement, Barnabé dégage la roue et le cadre en plâtre pour en extraire la jeune fille qui joue du piano derrière.

– C'est qui, mon Papounet ?

– Elle ne te fait pas penser à quelqu'un ? répond Barnabé d'une voix tremblante.

– Non.

Bien sûr, il ne peut pas se rappeler, il avait à peine plus d'un an quand sa mère l'a confié à Barnabé.

Pourtant c'est le même front, les mêmes cheveux, le même sourire, sauf qu'elle porte une robe comme on en portait au temps où l'ancêtre se battait en duel, une de celles dont les mites faisaient leur régal dans les pièces inoccupées des Bouton, et qu'elle joue du piano.

– C'est combien ?

– Bah…

Totor le toise, le fait mijoter, pas exprès, mais parce qu'il réfléchit à ce qu'il est convenable de demander pour cette croûte noire de crasse qui encombre son grenier depuis l'époque de l'arrière-arrière-arrière-grand-père au moins. Il calcule qu'en faisant plaisir à Barnabé, il éloigne peut-être toute menace de récidive côté poulets.

– … disons, deux euros ?

Barnabé dégaine aussi sec la somme requise, des fois que le vendeur changerait son fusil d'épaule, tout surpris qu'il ne demande pas plus que deux euros d'un tel chef d'œuvre.

Totor empoche le montant de la transaction, se frotte les mains comme s'il avait signé un traité et allume une blonde sans filtre qui tue – c'est écrit sur le paquet – en guise de calumet de la paix.

– Allez, viens, on rentre, mon P'tit Noyau.

– Déjà ?

– Oui, faut qu'on aille l'accrocher.

Et sitôt dit sitôt fait, hop, la voilà bientôt lavée, essuyée, suspendue dans le salon en face de l'armoire.

– C'est ta mère, c'est Rosa. Elle est belle, hein ?

L'enfant contemple longuement le portrait en connaisseur avant de laisser tomber son verdict.

– Oui. Mais pourquoi elle vient jamais nous voir ?

– Elle a beaucoup de travail. Mais un jour, elle viendra.

– Elle joue du piano ?

– Oui, tu vois.

À force, Barnabé ne sait plus très bien, se dit qu'une candidate à la célébrité qui sait danser et chanter sait certainement aussi jouer du piano. La vraie Rosa s'estompe dans sa mémoire, se dilue dans la réalité du tableau.

– Mais alors, il faudrait un piano pour si elle revient, fait remarquer P'tit Noyau avec à-propos.

L'idée paraît aussitôt lumineuse à Barnabé.

Voilà ce qui manquait encore à la cathédrale pour qu'elle soit parfaite. Et ça tombe bien parce que la mère Boudu justement leur en a parlé l'autre jour, de ce piano, le sien, dont elle ne peut plus jouer à cause de ses rhumatismes articulaires.

– Si seulement Nathanaël pouvait avoir envie de jouer du piano, avait-elle dit.

Parce qu'elle aussi a succombé au charme du P'tit Noyau à force de le voir trois fois par semaine et davantage, et surtout parce qu'il est bien plus aimant que son fils à elle, qui vit dans une grande agglomération du Nord et dont elle n'entend plus guère parler qu'à Noël ou à Pâques.

De la théorie à la pratique, néanmoins, il y a un fossé que Barnabé met toutes ses forces à franchir.

– Ce piano et moi, on se connaît depuis toujours, tu comprends, mon garçon ? argumente la mère Boudu. C'est sentimental.

Évidemment qu'il comprend. Mais elle pourra venir le voir quand elle veut, de jour comme de nuit, la porte n'est jamais fermée, pour s'assurer qu'on s'en occupe bien, qu'on le dorlote, que le soleil ne lui décolore pas son vernis et ne lui échauffe pas ses cordes.

En dépit de ces assurances réitérées tant par lui que par P'tit Noyau, qui s'est mis à le vouloir avec autant de passion, quand les ouvriers agricoles du voisin viennent décoller de son mur le précieux mobilier, la mère Boudu est à nouveau sur le point de changer d'avis en découvrant le papier peint tout pâlichon derrière.

Barnabé dégaine alors la commode en merisier qu'il vient de finir de restaurer pour la mettre dans la chambre d'amis et qui ferait très bien à la place. C'est une commode de premier ordre d'ailleurs, le genre que les brocanteurs vous échangent contre cinquante buffets en formica, mais le piano vaut bien ce sacrifice, surtout qu'il n'y a pas d'amis à mettre dans la chambre.

– Va pour la commode, cochon si je m'en dédis.

Cette expression qui étonne dans la bouche d'une femme si instruite est la seule chose qu'elle ait gardé de son mari et qui lui serve encore quand elle est très émue.

Le morceau est enlevé et chargé sur la remorque.

Pendant sa traversée de la rue principale du village avec son cortège, Barnabé et P'tit Noyau devant, la mère Boudu derrière, elle leur reprend encore et leur redonne le piano une bonne demi-douzaine de fois. Et même quand il est en place dans le salon devenu buanderie redevenu salon, juste sous le portrait de Rosa, elle se lamente qu'elle n'aurait jamais dû se laisser faire.

Barnabé est forcé de l'achever avec la botte secrète des Bouton dont jusque-là, il a toujours répugné à se servir, mais aux grands maux les grands remèdes. Après quelques petits verres de gnôle, la mère Boudu consent enfin à la capitulation :

– J'apprendrai à Nathanaël à en jouer. Je viendrai le mercredi et le samedi, et aussi le dimanche s'il veut. On apprendra le solfège plus tard, je ne veux pas qu'il se décourage.

– Quand vous voulez, je ne peux pas mieux dire, la porte est ouverte. Et si vous regrettez trop, j'espère que non bien sûr, mais au cas où, on ne sait jamais, eh bien je vous le ramène, promis juré.

Avec ou sans solfège, l'apprentissage est lent, parce que P'tit Noyau préfère gambader avec les chèvres ou Espoir que de rester vissé sur son tabouret. Mais la mère Boudu y croit dur comme fer que ça va venir, le doigté. Et de balbutiements en balbutiements, la mélodie rentre et le désir d'apprendre vient.

– C'est drôlement chouette, la musique qu'on peut faire soi-même !

Septembre commence à déployer ses tourbillons de feuilles, et le pitchoun doit faire ses premiers pas à l'école communale, celle de Saint-Julien, avec pour instituteur celui dont Rosa a été amoureuse autrefois et qui a maintenant deux loupiots bien à lui avec sa Parisienne.

Quelques semaines lui suffisent pour se mettre au courant de ce qui se trame dans la civilisation et commencer à revendiquer.

– Bon, faut plus m'appeler P'tit Noyau devant le monde, mon Papounet, parce que le monde, y comprend pas.

– Ah ?

– Il faut que tu m'achètes des ticheurtes, mon Papounet, parce que les chemises, personne en a.

– Puis quoi encore ?

Aussitôt qu'il s'agit de se ranger sous une quelconque bannière, Barnabé sent ses gènes de chevalier revenir le titiller, même quand il s'agit de la bannière des ticheurtes.

– Écoute, mon P'tit Noyau, faut pas tout mélanger. Parce que tu sais, ça ne fait que commencer, mais tu vas voir comment ils vont t'en inventer des trucs dont tu n'as pas idée.

Et des ticheurtes comme ci et des chaussures comme ça et des blousons *et caetera.* Et si tu mélanges dès le début le verbe avoir avec le verbe être, tu ne seras plus jamais heureux, tu feras comme tout le monde, et tu auras beau t'appeler Nathanaël, tu ne seras plus personne.

– Bon d'accord, mon Papounet, mais quand même, m'appelle plus P'tit Noyau et achète-moi un ticheurte, s'il te plaît, rien qu'un, d'accord ?

Tout le monde fait un effort, c'est ce qui fait les bons compromis.

Ils topent et la vie continue de s'écouler, tranquille.

Pendant ce temps-là, tout là-bas dans la capitale, Rosa, qui n'écrit pas évidemment, ne téléphone pas non plus d'ailleurs, jamais, s'esquinte encore à devenir célèbre, la pauvrette, grille sa vie, court court court et s'essouffle, se fait embobeliner par de sales types qui n'en veulent qu'à ses courbes admirables, se désespère de plus en plus souvent, et de moins en moins souvent repart comme un bon petit soldat, maquillé, manucuré, body-buildé.

CHAPITRE XIV

Et puis voilà. C'était un soir parmi les soirs, et justement. Le ciel était immobile, d'un bleu pétrifié, comme si l'éternité était devenue possible. Et ce fut là, sans crier gare, dans les dernières gouttes de jour qui s'égrenaient, précieuses, comme un nectar dont on ne boirait peut-être plus jamais, qu'elle était advenue, moulée dans une robe qu'on eût dit cousue à même sa peau et qu'elle ne pourrait plus ôter sans l'arracher. Rouge. Si insolite dans cette cour parmi les poules et les canards qu'elle sembla soudain la seule chose vivante dans un décor de carton-pâte.

Barnabé, qui bricolait un tracteur, s'était figé, une clef de douze à la main et P'tit Noyau, trop content d'abandonner son problème de robinet que quelqu'un avait encore oublié de fermer, la contemplait comme une apparition de la Vierge.

Son Papounet lui en avait tellement parlé, de sa mère, comme d'une sainte, qu'il en rêvait tout éveillé. Aussi fut-il le premier à reconnaître le miracle et à réveiller Barnabé de sa torpeur.

– Je crois bien que c'est elle, mon Papounet, dit-il dans un souffle.

Barnabé, lui, en doute encore. Il s'est tellement habitué au tableau qu'il ne la reconnaît pas. Six années ont passé et pas un jour où il n'a prié qu'elle revienne. Six années pendant lesquelles il l'a attendue de pied ferme, a élevé son petit, lui a bâti une cathédrale. Et à présent qu'elle est là, de retour au bercail comme une enfant prodigue, il ne parvient pas à y croire.

– Salut ! dit-elle d'un ton léger, presque négligent.

Oui, pas de doute, c'est Rosa.

Barnabé se sent soulevé, porté par un sentiment indicible, mais incapable de proférer un son, tandis que P'tit Noyau déjà met sa main dans celle de l'icône et l'entraîne dans la maison pour lui faire visiter.

– Tu vois, ici c'est ma chambre, ici la salle de bains avec le petit coin si tu as besoin d'y aller, il y a du savon à la violette dont on ne s'est jamais servi exprès pour les invités, pour toi quoi, et puis là, c'est la chambre de mon Papounet et là…

– On verra le reste plus tard, intervient Barnabé au moment où l'innocente créature s'apprête à ouvrir la porte de la chambre de sainte Rosa.

Pas de blague, il faut d'abord se rendre compte si elle le mérite.

Ils redescendent jusqu'au piano, qu'elle contemple l'air absent.

P'tit Noyau n'ose plus rien dire, Barnabé non plus. Et le silence s'insinue sans qu'ils sachent quoi en faire du tout. Parce qu'il ne ressemble en rien à leurs silences quotidiens, ronds et paisibles et remplis de mutuelle tendresse. C'est un silence inconnu, dense, presque sirupeux, qui ne leur dit rien qui vaille et que Rosa finit par rompre vilainement.

– Tu as bien arrangé la maison. Tu vas te marier au moins ?

Elle comprend tout de travers.

P'tit Noyau lance à Barnabé un regard désespéré. Il n'ose pas moufter, de peur de le contrarier mais surtout, parce que la situation le dépasse et qu'elle a un goût de sanglot. Ce n'est d'ailleurs pas nécessaire, Rosa a tout prévu. Juste après, elle assène son coup de grâce en prenant le mouflet à part pour lui chuchoter à voix basse. Pas assez basse cependant pour échapper à Barnabé qui comprend vite qu'elle n'est revenue que pour repartir, et pas les mains vides encore. Elle veut emmener P'tit Noyau.

Elle lui explique pour qu'il comprenne bien qu'elle a raté tout le reste mais qu'elle veut réussir ça. Qu'elle ne veut pas que son fils devienne un plouc, comme Barnabé. Ça, en fait, elle ne le dit pas, mais Barnabé devine que c'est ce qu'elle pense, exactement.

L'enfant, un peu gêné par toute cette nouveauté, ne sait pas trop quoi répondre, d'ailleurs on ne lui demande pas son avis, mais l'aventure déjà fait s'écarquiller son regard et pétiller ses juvéniles neurones.

Il n'y a plus rien à faire. Barnabé ne fait pas le poids à côté de ces merveilles qu'elle lui promet, de l'emmener au cinéma toutes les semaines et au jardin public où il y a des toboggans et des balançoires et surtout des tas d'autres enfants qui deviendront tes copains, et on ira aussi dans les magasins tout remplis de choses inutiles qu'on achète, c'est super tu verras et des ticheurtes de toutes les couleurs et des baskets en veux-tu en voilà.

Barnabé sent son cœur se recroqueviller comme une vieille éponge desséchée, il pense qu'il va s'évanouir ou même mourir peut-être, comme ses parents et ses grands-parents, tomber raide d'un seul coup, ça y est c'est son tour. Mais non, il ne meurt pas, ne s'évanouit pas, s'entend même prononcer d'une voix rêche à l'intention du loupiot :

– Tu as envie d'y aller ?

Il demande ça par acquit de conscience, mais il n'est pas étonné en voyant P'tit Noyau prendre sa question pour une permission et se précipiter quatre à quatre dans l'escalier pour préparer son baluchon. L'air est devenu lourd, le sang épais dans ses veines, sa tête peine à rester droite sur son cou. Demeuré seul avec Rosa, Barnabé la regarde virevolter d'un meuble à l'autre, admirer avec beaucoup trop d'adjectifs le sensationnel-travail-de-restauration effectué par Barnabé dans cette maison avec une sensibilité d'artiste, mais quand même, ça sera mieux pour le petit de voir du monde, hein, tu es d'accord ?

– T'inquiète pas, mon Papounet, je reviendrai te voir tous les dimanches, hein m'dame qu'on reviendra ?

Elle a répondu mouais, avec l'air d'une qui n'y croit pas.

– Tu peux m'appeler maman quand même, je suis ta mère, et arrête d'appeler Barnabé ton Papounet, ce n'est pas ton père.

– Non ? dit le loupiot, affreusement contrit. L'est où mon père alors ?

– On verra ça plus tard, élude-t-elle. Allez viens, on a juste le temps si on veut arriver avant la nuit, j'ai horreur de conduire la nuit.

Barnabé s'aperçoit seulement alors qu'elle est venue en voiture, une petite qui se gare facilement en ville, se conduit sans permis et qu'elle a laissé couler tout doucettement, moteur éteint, le long de la grande bâtisse des Bouton, afin de pouvoir arriver sans tambour ni trompette. C'est pour ça qu'ils ne l'ont pas entendue venir. Sûr qu'avec une caisse à savons pareille, ils en ont au moins pour quatre plombes à rentrer. Il va trouver le temps long, le pitchoun.

« Mais bon, il paraît que ça ne me regarde plus. »

Le cœur de Barnabé dégringole dans ses chaussures, rentre sous terre même, à ne plus jamais refaire surface quand son P'tit Noyau lui claque une bise enthousiaste sur chaque joue avant de grimper dans la voiturette assortie à la robe de Rosa. Et voilà. Elle pourrait tomber en panne, mais non, démarre au quart de tour cette saleté, et s'éloigne presque sur les chapeaux de roues que c'en est à peine croyable. Brinqueballe encore à l'horizon comme un petit point rouge ridicule, une coccinelle sans ses points noirs, jusqu'à s'engloutir tout à fait dans le paysage, comme si elle n'avait jamais existé.

Un mirage.

Qui lui a ravi tout ce qu'il aimait.

Il reste là, debout, longtemps, aussi immobile que le ciel, avec en guise de signature d'avion une flèche qui lui ensanglante les entrailles, à se demander comment respirer et pourtant il respire. Ne sait pas pourquoi ni comment. Des heures, jusqu'à ce que la nuit tombe sans qu'il parvienne à bouger le petit doigt ni à en voir l'utilité. Tout juste capable de se faire de la bile pour son P'tit Noyau.

« Pourvu qu'il ne prenne pas froid, pourvu qu'elle le nourrisse bien, pourvu qu'il ne se perde pas, pourvu qu'il n'y ait pas de bombe dans le métro, pas d'assassin dans la cour de l'école, pourvu. On ne s'improvise pas mère d'un seul coup, se marmonne-t-il. Comment vont-ils faire pour se comprendre, il parle si peu, il est si profond, elle est si légère, elle n'avait pas le droit. Mais si, mais si voyons, elle a le droit, c'est son petit après tout. »

Il sait bien que c'est vain, que son inquiétude ne sert à rien, que plus rien ne sert à rien désormais, ni l'amour. Le sien pourtant n'est pas mort, gigote encore à l'intérieur, se cogne partout, s'égratigne, cherche à mourir c'est sûr, que pourrait-il faire d'autre maintenant ?

« Je reviendrai te voir tous les dimanches. »

Il y croit un peu, à ces dernières paroles de son P'tit Noyau et puis très vite, il n'y croit plus.

« Comme si ça ne dépendait que de lui. Tu parles, elle ne le laissera pas faire à présent qu'il s'est dilué dans l'horizon. Et comment pourra-t-il vivre sans moi ? Et comment pourrai-je vivre sans lui ? »

Le frais le décide à rentrer, mais le sommeil ne vient pas, alors il ressort et va s'asseoir dans la pâture où Espoir essaie de le consoler à sa manière, en le léchouillant, peine perdue mais quand même. Barnabé s'efforce de penser à autre chose.

Mais à quoi ? Que peut-il bien y avoir d'autre dans la vie qui vaille la peine ?

L'aube le surprend assis dans l'herbe et les yeux grands ouverts.

Il se lève, s'efforce à des gestes quotidiens comme un automate, traire les chèvres, nourrir les poules qui ont passé la nuit dehors, remplir l'abreuvoir… et puis non, pas possible. Rentre s'affaler devant les télés toutes allumées. Reste là avachi à cligner de son regard fatigué en attendant dimanche.

« Dans sept jours exactement, puisqu'on est dimanche. »

Sept jours durant lesquels, sur l'écran impassible, dans la bouche des journalistes impassibles, les avions s'écrasent, les raz-de-marée submergent, les gaz à effet de serre asphyxient, et les hommes meurent, par grappes ou individuellement mais sans répit, de faim ou d'amour ou d'autre chose. Le monde est à l'image du cœur de Barnabé, en dérangement.

Dimanche.

Barnabé appelle les renseignements, pour le cas où toutes les lignes seraient dérangées à Paris, on a vu des choses plus étonnantes. Mais non, ça marche, on l'en assure et ça ne le rassure pas au contraire, ses dernières illusions s'éparpillent.

La mère Boudu, inquiète de ne pas avoir vu le bout de son nez dehors depuis un bon moment, vient lui apporter un morceau de la tarte qu'elle vient de faire, aux noix. En réalité elle est là plus ou moins en délégation, parce qu'on jase dans le village.

– Ah bon, c'est nouveau, ironise Barnabé.

– Tu ne te rends pas compte, mon garçon. Les Valet sont fous d'inquiétude.

– Pas de quoi. Leur fille a décidé de devenir responsable, ils devraient être contents.

– Oui, mais ils veulent l'adresse, le téléphone, tu les as ?

L'adresse ? Le téléphone ? Barnabé se souvient brusquement que Rosa les a glissés mine de rien sous le compotier. Il n'a pas pensé à s'en servir. Il faudrait que ça vienne de son P'tit Noyau parce que lui Barnabé n'est pas du genre à jouer les indésirables, non, faut pas compter sur lui. Les Valet eux, ils font ce qu'ils veulent. S'ils veulent se rabibocher, ça les regarde après tout.

La mère Boudu s'en retourne, moitié rassurée moitié inquiète, avec l'adresse et le téléphone de Rosa. Et le dimanche finit de s'écouler sans un autre signe de vie.

Vers les huit heures du soir, le chant du merle est tout juste supportable. Il chante comme s'il ne connaissait pas le malheur. Sans doute a-t-il raison. Après tout, le ciel n'est pas moins bleu, l'herbe moins verte, le soleil moins soleil.

« Je disparaîtrais que ça n'empêcherait pas le monde de continuer de la même façon. »

Ça commence à le travailler sérieusement, cette idée. Surtout quand la nuit vient recouvrir ce dimanche lugubre qui s'étire encore comme une torture vers un ciel sans étoiles. Ça le décide à descendre à la cave chercher une bouteille de gnôle du pépé, la dernière.

« C'est un signe », pense Barnabé.

Il la boit toute.

Et le redoutable élixir répand dans ses veines son insidieux poison, transmue en rage son désespoir. Il n'est pas coutumier de son feu dévorant, rejoint en titubant Espoir qui le reconnaît à peine.

– Et à supposer que je tienne le coup, lui dit-il, c'est toi qui vas partir, hein ? Ça vit combien une vache ? Douze ? Quinze ans maximum, hein ? Toi aussi tu vas m'abandonner ?

Oui, à coup sûr un jour, elle va le quitter aussi, celle-là.

Peut-être qu'il vaut mieux en finir tout de suite pour être tranquille. Bon, elle n'a pas l'air d'accord, mettons que ça se discute.

– Réfléchis, voyons. Si c'est moi qui pars le premier de toute façon, qu'est-ce que tu deviendras sans moi ? Ils t'emmèneront à l'abattoir, aussi sûr que je m'appelle Barnabé. Tu n'as pas envie de ça, hein ?

Va savoir de quoi elle a envie. Ce n'est qu'une vache après

tout. Ça n'a pas le sens commun, une vache. Elle ne s'apercevra de rien, pas le temps de dire ouf, et hop ! Il a vu faire le boucher de l'abattoir, juste entre les deux yeux et bing, terminé les soucis et salut les anges !

Sa décision est prise.

Il va chercher le pistolet, prend ce qu'il faut pour le charger. C'est mieux comme ça pour tout le monde. P'tit Noyau a une mère à présent et cette mère ne veut pas de lui comme père adoptif ni comme rien, ne voudra jamais. Il a même en plus des grands-parents qui l'aiment, qui finiront par le lui faire savoir, si ce n'est pas déjà fait, autant dire tout ce qu'il faut dans la vie. Alors Barnabé est vraiment seul désormais, pour ne pas dire inutile.

Il n'a plus qu'à emmener Espoir en voyage et la maison reviendra à P'tit Noyau puisqu'il a fait son testament, c'est la dernière chose qu'il puisse faire pour lui. Il le met bien en évidence sous le compotier pour qu'on ne manque pas de le trouver. Les gens du village penseront que c'est la malédiction qui poursuit les Bouton.

« D'ailleurs, c'est peut-être vraiment une malédiction. »

Voilà.

Et après… après, il ne se souvient de rien. Vraiment rien.

Mais c'est normal. C'est comme ça quand on meurt. C'est une expérience nouvelle, évidemment. Très différente de la vie, pas très agréable en fait, un peu floue pour tout dire. Mais au moins, ça ne fait pas mal, c'est déjà ça.

C'est après, au moment où il se réveille, qu'il a un mal de chien. Parce qu'il se réveille. Mais est-il vraiment réveillé ? Il a l'impression d'être suspendu par les cheveux et d'avoir des soufflets de forge qui lui battent les tempes et puis il sent aussi comme une caresse râpeuse et humide dans les cheveux. Slurp slurp, comme quand Espoir… mais ce n'est pas Espoir puisque… Il ouvre les yeux et se retrouve nez à museau avec un sanglier qui le lèche depuis un bon moment déjà. Un bébé sanglier ?

Décontenancée par l'air ahuri de Barnabé, la bestiole s'éloigne de quelques pas tandis qu'il regarde autour de lui et découvre le pistolet d'ordonnance du pépé.

Alors il n'est pas mort finalement et ce n'était donc pas non plus un cauchemar ?

Alors, il a vraiment tué Espoir ?

Il se lève hagard, flageole en direction du marcassin qui hume l'air autour de lui.

« Ami, ennemi ? » semble-t-il se demander.

Non, Espoir n'est pas morte, elle est même en pleine forme, toute droite campée sur ses guiboles et fine copine avec le bébé sanglier, dirait-on.

Barnabé est tout simplement arrivé Dieu sait comment de l'autre côté de la colline, dans la pâture d'en haut, celle qui flirte avec la forêt, devant un lever de soleil formidable avec une gueule de bois non moins formidable.

Alors zut, il se croyait déjà au Paradis ou en Enfer et ce n'est ni l'un ni l'autre. Il va falloir tout recommencer. Tout recommencer ? Il le pense, et en même temps, il a un curieux sentiment de soulagement. C'est bizarre, ce soulagement quand tout va si mal.

« J'ai évité le pire », se surprend-il à penser.

Il voulait tuer Espoir pas plus tard qu'hier soir et à présent, il est heureux de ne pas l'avoir fait. À présent, il est ému par ce marcassin orphelin poussé par la faim à venir téter une vache et que le troupeau entier a adopté. Il est là, parmi elles, à brouter et comme si c'était naturel, léchouille une patte ou un museau, quémande en retour une caresse qu'on lui donne. Se prend pour un veau ?

Et quand il s'en ira vivre sa vie de sanglier, seront-elles tristes ? Elles n'ont pas l'air de s'en soucier, profitent de l'instant. L'avenir n'existe pas pour une vache et c'est très bien.

Barnabé se sent apaisé. Le jeune sanglier vient donner un dernier coup de langue timide sur le bas de son pantalon et s'en va rejoindre une grande vache noire qui l'abrite contre son flanc.

Barnabé gagne le chemin qui descend vers la ferme, et toute la nouveauté de l'aube l'assaille, frais rayons de lumière rose, effluves de terre halitueuse, exhalaisons de bouse tiède, fragrances de bois coupé, tout lui saute au visage, l'enivre, le tourneboule d'étonnement. À marcher dans ce monde neuf, jaillit soudain de sa mémoire la citation du calendrier le jour où Rosa avait emmené son P'tit Noyau. Elle était d'un certain Martin Luther et elle disait que si la fin du monde était pour demain, il planterait tout de même un arbre.

Ça semble plein d'à-propos à Barnabé. Sa fin du monde est advenue et il n'a rien planté. Il veut réparer l'oubli, il veut planter un olivier. Pourquoi un olivier ? Parce qu'il a lu quelque part que c'est difficile à faire pousser. Il en conclut que c'est exactement ce qu'il lui faut pour l'occuper. Le facile, c'est à la portée de tout le monde, et le monde, il en a sa claque, pour tout dire.

À la « Jardinerie des trois routes », bien sûr, on lui fait comprendre poliment qu'il n'est pas raisonnable, que les oliviers ça ne pousse pas par ici pour cause de manque de soleil et aussi parce que ça gèle l'hiver, il faut s'en occuper tout le temps, l'emmitoufler, le dorloter, lui donner des vitamines pour olivier.

Barnabé est enchanté, c'est justement ce qu'il voulait.

Il plante son olivier et l'enveloppe de tout son amour sans objet. Le petit arbre apprécie, entortille ses frêles racines dans le terreau tendre, pousse ses minuscules bourgeons contre l'écorce. En voilà un au moins qui ne prendra pas la poudre d'escampette.

Barnabé le regarde pousser, vit au jour le jour, fait ce qui le rend le plus heureux.

– Et si tout le monde en faisait autant, gronde la mère Boudu passée le voir avec un pâté de lapin tout frais sorti de sa terrine, qu'est-ce qui se passerait, hein, tu peux me le dire ?

– Non.

Il n'a pas envie de se le demander. Des pensées comme ça, c'est bon pour ceux dont c'est le métier. Les économistes, les politiciens. Les journalistes, à la rigueur. Lui, le seul métier qu'il accepte désormais, c'est vivre. Il se dit qu'il a du talent pour ça finalement depuis qu'il n'attend plus rien, à part l'olivier. C'est tranquille, un olivier. Et même si ceux du village disent qu'il est un peu jeune pour renoncer à tout, pour jouer le vieux garçon solitaire dans cette grande maison, il s'en fout.

Il n'a renoncé à rien d'ailleurs. Il n'attend rien, ce qui est différent.

Dans son présent, il y a le silence, le bourdonnement des insectes butineurs, le bavardage des oiseaux qui s'enivrent de bleu, et rien d'autre. Pas un souffle de vent. Rien. La vie. Rien. La respiration.

Ça dure comme ça six mois. Et une semaine.

Et puis un soir... un autre soir, pas du tout comme l'autre. Pas immobile. Pas tellement bleu non plus. Un soir où le vent pousse les nuages les uns derrière les autres sans s'en servir, pas même pour décorer ni faire une petite averse, non. Mais avec de la mauvaise humeur quand même derrière, ça, c'est indéniable. Ce soir-là, sans crier gare, dans les dernières gouttes de jour qui s'égrènent, précieuses comme un nectar dont on ne boira peut-être plus jamais, la silhouette rieuse du gamin se découpe soudain à l'horizon comme un petit mirage familier. Sauf que ce n'est pas un mirage et que ça vient se jeter dans ses bras.

– Je me plaisais pas là-bas, tu sais, mon Papounet. Il n'y avait pas d'herbe et il y avait des cacas de chiens. Je pleurais tout le temps.

Rosa se tient sous le porche, liturgique.

Le vent l'enveloppe et fait un fouillis de tous les diables avec sa robe. Rouge, et tellement insolite dans cette cour parmi les poules et les canards. Sur son visage un peu triste, lentement, naît un sourire.

Dans la même collection

ALEXIS BROCAS

Je sais que je ne suis pas seul

« Je regarde le ciel, le désert puis de nouveau le ciel, et n'y vois personne. Ce monde est un jeu de massacre où les gens se fracassent les uns contre les autres comme des poupées de verre. »

Horizon bouché : Romain, dix-sept ans, a l'impression de vivre en cage. Les semaines en pension s'enchaînent, ponctuées par les week-ends avec son père-homme d'affaires ou avec sa mère et « celui qui la baise ». Il choisit de s'évader en inventant des rêveries horrifiques : histoires de femme-baleine, de démon du bitume, de rock star infernale… sa vie imaginaire est aussi riche que son existence est terne. Non, Romain n'est pas seul : ses cauchemars l'accompagnent.

8,50 euros- ISBN 10 : 2-84865-157-1- ISBN 13 : 978-2-84865-157-6

JULIA KINO

Adieu la chair

« Les jours cliquetaient comme des dominos, jour-nuit-jour-nuit-jour-nuit-jour-nuit, le crépuscule et l'aube, l'aube ! À force j'avais l'impression d'être enfermée dans un ciné porno, à revoir toujours le même film. De savoir par cœur le moment où la fille se mettrait à gémir.

J'arrêtais pas de gémir. »

Ça se passe ici, dans leur ville, surnommée Here *en clin d'œil à une chanson des Clash. Ils sont six, âgés de seize à dix-neuf ans, nouveaux rebelles sans cause unis par un sentiment de vide qui les étouffe. Quand l'un d'eux tue pour la première fois, le carnaval commence : les six « cow-boys » se lancent dans une série de meurtres gratuits. Mais cette orgie sanglante va peu à peu les consumer. En fuite, ils débarquent à Budapest – où il leur faudra bien réapprendre à vivre.*

9,00 euros - ISBN 10 : 2-84865-158-X - ISBN 13 : 978-2-84865-158-3

Réalisation :
SARBACANE DESIGN

Typographie : Jean-Marc Bondier
Achevé d'imprimer en décembre 2007
sur les presses de l'imprimerie Hérissey, Évreux
N° d'impression : 106776
N° d'édition : 006
Dépôt légal : 2e trimestre 2007

Imprimé en France

INSA SANÉ

Sarcelles-Dakar

9,00 euros

ISBN 10 : 2-84865-143-1
ISBN 13 : 978-2-84865-143-9

ANNE MULPAS

La fille du papillon

9,00 euros

ISBN 10 : 2-84865-140-7
ISBN 13 : 978-2-84865-140-8

SÉBASTIEN JOANNIEZ

Treizième avenir

7,50 euros

ISBN 10 : 2-84865-139-3
ISBN 13 : 978-2-84865-139-2